D1690659

MIX
Papier aus verantwortungsvollen Quellen
Paper from responsible sources
FSC® C105338

Lissy Seibicke

Get out of your chairs
Schüleraktivierung durch ganzheitliches, bewegtes Lernen im Englischunterricht

Diplomica® Verlag GmbH

Seibicke, Lissy: Get out of your chairs: Schüleraktivierung durch ganzheitliches, bewegtes Lernen im Englischunterricht, Hamburg, Diplomica Verlag GmbH 2012

ISBN: 978-3-8428-8761-9
Druck: Diplomica® Verlag GmbH, Hamburg, 2012

Bibliografische Information der Deutschen Nationalbibliothek:
Die Deutsche Nationalbibliothek verzeichnet diese Publikation in der Deutschen Nationalbibliografie; detaillierte bibliografische Daten sind im Internet über http://dnb.d-nb.de abrufbar.

Die digitale Ausgabe (eBook-Ausgabe) dieses Titels trägt die ISBN 978-3-8428-3761-4 und kann über den Handel oder den Verlag bezogen werden.

Dieses Werk ist urheberrechtlich geschützt. Die dadurch begründeten Rechte, insbesondere die der Übersetzung, des Nachdrucks, des Vortrags, der Entnahme von Abbildungen und Tabellen, der Funksendung, der Mikroverfilmung oder der Vervielfältigung auf anderen Wegen und der Speicherung in Datenverarbeitungsanlagen, bleiben, auch bei nur auszugsweiser Verwertung, vorbehalten. Eine Vervielfältigung dieses Werkes oder von Teilen dieses Werkes ist auch im Einzelfall nur in den Grenzen der gesetzlichen Bestimmungen des Urheberrechtsgesetzes der Bundesrepublik Deutschland in der jeweils geltenden Fassung zulässig. Sie ist grundsätzlich vergütungspflichtig. Zuwiderhandlungen unterliegen den Strafbestimmungen des Urheberrechtes.

Die Wiedergabe von Gebrauchsnamen, Handelsnamen, Warenbezeichnungen usw. in diesem Werk berechtigt auch ohne besondere Kennzeichnung nicht zu der Annahme, dass solche Namen im Sinne der Warenzeichen- und Markenschutz-Gesetzgebung als frei zu betrachten wären und daher von jedermann benutzt werden dürften.

Die Informationen in diesem Werk wurden mit Sorgfalt erarbeitet. Dennoch können Fehler nicht vollständig ausgeschlossen werden, und der Diplomica Verlag, die Autoren oder Übersetzer übernehmen keine juristische Verantwortung oder irgendeine Haftung für evtl. verbliebene fehlerhafte Angaben und deren Folgen.

© Diplomica Verlag GmbH
http://www.diplomica-verlag.de, Hamburg 2012
Printed in Germany

INHALTSVERZEICHNIS

1. VORÜBERLEGUNG ZUR EMPIRISCHEN UNTERSUCHUNG 1

   1.1. Begründung des Themas 1
   1.2. Darlegung theoretischer Grundlagen 2
      1.2.1. Schüleraktivierung 3
      1.2.2. Ganzheitliches Lernen 4
      1.2.3. Bewegtes Lernen als Teilkonzept 6
   1.3. Zielsetzung der Studie 8
   1.4. Einordnung des Themas in den Lehrplan 8

2. DARSTELLUNG DER EMPIRISCHEN UNTERSUCHUNG 11

   2.1 Beschreibung der empirischen Gesamtplanung und Methodologie 11
   2.2 Unterrichtliche Voraussetzungen in Klasse 6 12
   2.3 Darstellung ausgewählter Unterrichtsstunden in Klasse 6 12
      2.3.1 Beschreibung und Reflexion des Blockes: Introduction Wales 13
      2.3.2 Beschreibung und Reflexion des Blockes: At the Doctor's 16
   2.4 Unterrichtliche Voraussetzungen in Klasse 10 20
   2.5 Darstellung ausgewählter Unterrichtsstunden in Klasse 10 21
      2.5.1 Beschreibung und Reflexion des Blockes: Righting the Wrongs 21
      2.5.2 Beschreibung und Reflexion des Blockes: The Death Penalty in the US 25

3. EVALUATION DER EMPIRISCHEN UNTERSUCHUNG 31

   3.1. Ziel-Ergebnis-Vergleich und Aussagen zur Problemstellung 31
   3.2. Auswertung der Ergebnisse aus Sicht der Schüler 35
   3.3. Auswertung der Ergebnisse aus Sicht des Lehrers 36
   3.4. Fazit 37

4. BIBLIOGRAPHIE & QUELLENVERZEICHNIS 40

5. ANHANG 42

Abkürzungsverzeichnis

Bew. Lernen	Bewegtes Lernen
d.h.	das heißt
bzgl.	Bezüglich
bzw.	beziehungsweise
Dp	Death penalty
EA	Einzelarbeit
evtl.	eventuell
FU	Frontalunterricht
GA	Gruppenarbeit
HA	Hausaufgaben
Hw	homework
Koll. Schreiben	Kollektives Schreiben
LSI	Lehrer-Schüler-Interaktion
M	Methode
PA	Partnerarbeit
SF	Sozialform
TR	transparency
TS	Todesstrafe
u.v.m.	und viele mehr

1.1 Begründung des Themas

Immer mehr Schulen haben sich in jüngster Vergangenheit von der 1911 eingeführten 45-minütigen Unterrichtsstunde abgewandt. Neue Taktungen (zumeist 60 oder 90 Minuten) wurden an mehr und mehr Schulen eingeführt, erprobt und oftmals zum festen Bestandteil des zukünftigen Unterrichts erklärt. Moderner Unterricht passt scheinbar nicht mehr in ein 45-Minuten-Raster (RAUDIES/SCHMITZ). An Gymnasien in Sachsen dominiert dabei der Trend zu 90-minütigen Unterrichtseinheiten, in Anlehnung an die bereits seit langem fest etablierten Doppelstunden der Sekundarstufe II. Doch während es bei herkömmlichen Doppelstunden im Kurssystem Pausen zwischen den zwei 45-minütigen Unterrichtsstunden gibt, wird bei der Umstellung auf 90-Minuten-Einheiten, sogenannten Unterrichtsblöcken, auf eine Pausenunterbrechung verzichtet.

Ein solcher Blockunterricht ist mit dem Schuljahr 2010/11 auch am Gymnasium in Leipzig eingeführt und nun nach einjähriger Erprobung für vorteilhaft befunden worden, weshalb er auch in den kommenden Jahren Anwendung finden wird. Viele Vorteile, die sich auch in Umfragen unter Schülern[1] bestätigt haben, liegen auf der Hand: weniger Unterrichtsfächer pro Tag, also weniger Bücher in der Schultasche und weniger Hausaufgaben für verschiedene Fächer. Folglich eine Freude für Körper und Geist, die auch Neurowissenschaftler bestätigen. So seien sechs bis sieben verschiedene Fächer am Tag aus deren Sicht nicht nur *schwer* zu (er)tragen, sondern ebenso kontraproduktiv, was den Lernerfolg der Schüler angeht (CORSSEN/LENZEN). Doch daraus eine uneingeschränkte Empfehlung für Blockunterricht ableiten zu wollen, wäre ein Trugschluss. Verdoppelt man lediglich die Dauer einer Unterrichtseinheit, ohne Schule auch inhaltlich und methodisch zu verändern, sind demotivierte, unkonzentrierte und kognitiv überlastete Schüler keine Seltenheit. Die Umstellung auf Blockunterricht bietet somit also offensichtliche Vorzüge, birgt aber gleichwohl auch Gefahren.

Aus diesem Grund habe ich mich dazu entschlossen, mich in meinem Unterrichtsversuch näher mit der Thematik des Blockunterrichts zu beschäftigen. Dabei soll es jedoch nicht darum gehen, herauszufinden, ob Blockunterricht besser oder effektiver ist als tradierte 45-minütige Unterrichtsstunden, oder ob die Vorteile gegenüber den Nachteilen überwiegen. Rahmenbedingungen wie die Dauer einer Unterrichtseinheit können – sind sie erst einmal fest eingeführt – kaum von Eltern, Lehrern oder Schülern verändert werden. Man muss sie wohl hinnehmen. Doch wie man damit umgeht und was man daraus macht ist eine ganz andere Sache.

Deshalb stand für mich die Frage im Mittelpunkt, wie man den Blockunterricht didaktisch-methodisch auflockern kann, um die leichte Schultasche genießen zu können, ohne dabei von Kopfschmerzen geplagt zu werden: Wie aktiviert man Schüler, um ein „Abschalten" nach zu langer Passivität zu verhindern? Wie kann man die Konzentration der Schüler auch über 90 Minuten aufrechterhalten? Wie Langeweile vermeiden?

Nämliche Fragen galt es während meines Unterrichtsversuches zu beantworten, wofür natürlich eine intensive Auseinandersetzung mit theoretischen Erkenntnissen bezüglich solch didaktisch-methodischer Problemstellungen nötig war. Die wichtigsten Erkenntnisse der Fachliteratur zu diesem Thema sind im nachfolgenden Kapitel zusammengefasst dargestellt.

1.2 Darlegung theoretischer Grundlagen

Für viele Unterrichtende ist klar, dass eine Umstellung auf Blockunterricht auch mit einer Umstellung der Unterrichtsmethoden verbunden sein muss, da dieser besondere Anforderungen an kleine Auflockerungsphasen mit sich bringt (DUCLAUD). Während bei herkömmlichen Unterrichtseinheiten bereits nach 45 Minuten eine Pause der Abwechslung, Entspannung, Energiegewinnung und -freisetzung dient, muss nun versucht werden, diesen Bedürfnissen der Schüler im Unterrichtsblock selbst gerecht zu werden. Doch was wie ein Muss scheint, ist gleichzeitig auch eine große Chance für viele moderne Unterrichtsmethoden, nun endlich vermehrt Einsatz im Unterrichtsalltag zu finden, da sie in 45-minütigen Schulstunden oft nur schwer umsetzbar sind und deshalb bisher leider noch zu oft vermieden werden.

Um jedoch geeignete Methoden für den Blockunterricht finden zu können, muss man sich erst seiner Schwächen bewusst werden, um darauf angemessen reagieren zu können. In Untersuchungen, bei denen gehäuftes (also längeres) und verteiltes (also öfter stattfindendes) Lernen gegenübergestellt wurden, zeigten sich zwei schwerwiegende Nachteile des gehäuften Lernens: die Ermüdung der Schüler und die sinkende Lernmotivation (RAPP, 29). Die Ermüdungstheorie besagt, dass mit zunehmender Lernzeit die Aufmerksamkeit sinkt und Ermüdung einsetzt. Pausen seien demnach wichtig, um sich von den Lernanstrengungen zu erholen und das Kräftereservoir aufzufüllen. Reminiszenz, also spontane Erholung, sorge anschließend dafür, leistungsfähiger in die nächste Lerneinheit starten zu können. Dies kann schon nach einer Pause von 2-10 Minuten erfolgen (RAPP, 33). Auch die abfallende Lernmotivation ist nach RAPPS Untersuchungen ein Nachteil des gehäuften Lernens. Bei verteiltem Lernen sei demnach die Motivation in jedem einzelnen Lernabschnitt größer als zum Beispiel am Ende einer längeren Unterrichtseinheit (RAPP, 30). Beide Kritikpunkte wurden in meiner Umfrage durch beide Klassenstufen bestätigt: So empfinden 71 % der Schüler einen Unterrichtsblock langweiliger bzw. langsamer vergehend als zwei einzelne Unterrichtsstunden und circa 58 % der Schüler gaben an, sich in der zweiten Hälfte des Blockes schlechter konzentrieren zu können (vgl. A2). Da jedoch sowohl die Schülermotivation als auch die Konzentrationsfähigkeit einen sehr großen Einfluss auf die Lernbereitschaft hat, gilt es Lernformen zu verwenden, die diesen beiden Nachteilen entgegenwirken.

1.2.1 Schüleraktivierung

Aus diesen lern- und motivationspsychologischen Aspekten heraus habe ich schüleraktivierende Unterrichtsmethoden in den Mittelpunkt meiner empirischen Arbeit gestellt, um deren Möglichkeiten in Hinblick auf die Auflockerung des Blockunterrichts und somit die Motivationssteigerung und Ermüdungsreduzierung zu untersuchen. Der Terminus Schüleraktivierung wird in der Fachliteratur dabei teilweise austauschbar mit dem Begriff Handlungsorientierung benutzt (vgl. GUDJONS, MÜHLHAUSEN). Beiden Begriffen ist dabei eine etwas unscharfe Abgrenzung zu anderen verwandten Ansätzen wie Freiarbeit oder offener Unterricht zu eigen und ihnen wird teilweise vorgeworfen, lediglich ein inflationär gebrauchter Sammelname für neuere Methodenkomplexe zu sein und kein konzises didaktisches Modell (GUDJONS, 10). Auch MÜHLHAUSEN weist auf die Vieldeutigkeit des Terminus Schüleraktivierung hin und wagt sich in seinem Buch lediglich an einen „Präzisierungsversuch" des unscharfen Begriffs (21). Demnach beinhaltet Schüleraktivierung Elemente des kooperativen, des bewegten, des handlungsorientierten und des ganzheitlich kindgerechten Lernens und soll dabei das aktive Tun der Schüler fördern – in Verbindung mit einer abwechslungsreichen Gestaltung des Unterrichts, hohem Neugierigkeitsgehalt des Lernstoffes, einem Wechsel der Sozialformen und Medienvielfalt. Das dabei wohl wichtigste Element ist das aktive Tun der Schüler, also die Selbsttätigkeit, das Lernen aus eigenem Anlass. Eine bloß rezeptive Aufnahme des angebotenen Lernstoffes soll somit möglichst vermieden werden (MÜHLHAUSEN, 22). Indikatoren für Schüleraktivierung sind laut MÜHLHAUSEN zum Beispiel längere Zeitspannen, in denen die Schüler ohne Lehreranweisung in Einzel- oder Gruppenarbeit tätig sind, sie nicht auf die Uhr schauen oder sie überdurchschnittlich gut mündlich mitarbeiten bzw. sogar lebhaft diskutieren (25). Dabei soll es nicht – wie in herkömmlichem Unterricht oft üblich – darum gehen den Unterrichtsgegenstand zu simplifizieren, sondern der Schüler soll den Lernstoff in seiner Schwierigkeit durch eigenes Tun bezwingen. Im Zentrum steht somit die selbstständige kognitive Leistung der Schüler, die der Lehrer als Berater und Helfer fördern soll (MÜHLHAUSEN, 28). Neben fachlichen Fähigkeiten spielen also auch methodische Kompetenzen und Sozialkompetenzen eine wichtige Rolle bei der Schüleraktivierung (BRÜNING/SAUM, 9).

Doch gleich, wie schwierig es selbst Pädagogen und Didaktikern fällt, Schüleraktivierung als solches zufriedenstellend zu definieren, was den Vorschlag von Methoden angeht, die eine schüleraktivierende Wirkung haben bzw. Schüleraktivierung begünstigen, finden sich in vielen Fachbüchern die gleichen Beispiele kooperativer, handlungsorientierter und ganzheitlicher Lernformen, wie zum Beispiel die Stationsarbeit, das Think-Pair-Share Verfahren, das Vier-Ecken-Gespräch, das Gruppenpuzzle, das Standbild u.v.m. (vgl. BONNET, BUCHER, GRIESER-KINDEL/HENSELER/MÖLLER, BRÜNING/SAUM, TIMM). Viele dieser Methoden betonen dabei ebenfalls deren Ganzheitlichkeit, aber warum?

1.2.2 Ganzheitliches Lernen

Es stellt sicher niemand in Frage, dass nicht nur der Kopf des Kindes in die Schule kommt, sondern sein ganzer Körper. Genauso wenig treffen Schüler auch nicht als Vokabel- und Grammatikheft auf Sprecher anderer Nationen, sondern als ganze Person (RAMPILLON/ REISENER, 2). Aus diesem Grund stellt der ganzheitliche Unterricht die Komplexität des Menschen mit dessen vielfältigen Sinnen und körperlichen Wahrnehmungen in den Mittelpunkt. So müssen sich die Schüler beim ganzheitlichen Lernen zum Beispiel oftmals in Bewegung setzen und somit auch körperlich aktiv werden. Doch ganzheitlichen Unterricht auf eine rein physische Schüleraktivierung zu beschränken wäre falsch. Wie schon von Pestalozzi erkannt, wird durch die Verbindung von Kopf, Herz und Hand dem oft verkopften Unterricht eine multisensorische und körpernahe Komponente vermittelt, die dem Bewegungs- und Erkundungsdrang der Kinder gerecht wird und ihnen weitere Zugänge zu Lerninhalten eröffnet (BUCHER, 6). Das heißt, Schüler werden als ganze Person gesehen, indem der Unterricht versucht sowohl deren Geist als auch die verschiedenen Sinne und ihren Körper einzubeziehen. Nach BETZ werden die Schüler jedoch auch heute noch meist frontal unterrichtet, was mit einer starken Verkopfung des Unterrichts einhergeht und natürlich dazu führt, dass die Schüler überwiegend still sitzen müssen. Hinzu kommt, dass gerade im Fremdsprachenunterricht die Sprechanteile der Schüler häufig sehr gering sind, sie vermehrt reproduktiv tätig werden und kaum echt kommunizieren (78). Ganzheitlicher Unterricht hingegen ist darum bestrebt, die Erkenntnisse der neurophysiologischen Forschung zu berücksichtigen. Diesen Erkenntnissen nach kann man den Lernerfolg vergrößern, wenn die linke und rechte Gehirnhälfte interhemisphärisch interagieren, das heißt miteinander zusammenarbeiten. In stark verkopftem Unterricht wird jedoch vorrangig die linke Hälfte unseres Großhirns trainiert, die für Sprachkompetenz, analytisches, logisches und rationales Denken verantwortlich ist. Die rechte Gehirnhälfte hingegen arbeitet vornehmlich im visuell-räumlichen sowie musischen Bereich und verarbeitet Informationen ganzheitlich (HÄRDT, 26). Für den Umgang mit Sprache bedeutet dies, dass auch nonverbale, interaktionale Elemente – also pragmatische Aspekte – mit verarbeitet werden und dadurch die Kompetenz zur Kommunikation enorm erhöht wird. Diese rechte Gehirnhälfte bleibt in stark kognitivem Unterricht jedoch häufig ungenutzt, was dazu führt, dass das Potenzial der Schüler nicht zum vollen Einsatz kommen kann, da keine neurophysiologische Verankerung zwischen den beiden Großhirnhälften stattfindet. Somit besteht im Englischunterricht zum Beispiel die Gefahr, dass Schüler trotz Grammatik- und Wortschatzkenntnissen sowie Lesekompetenz nicht in der Lage sind in der englischen Sprache zu kommunizieren (BETZ, 81-83).

Doch wie bezieht man die rechte Gehirnhälfte verstärkt im Englischunterricht ein? Natürliche Kommunikation und Interaktion enthalten bereits viele Aspekte, die die rechte

Gehirnhälfte stimulieren – so zum Beispiel Blickkontakt, wechselnde Intonation, metaphorische Komponenten, der Einsatz von Mimik und Gestik sowie ein hohes Maß an Bewegung. Somit gilt es also, vermehrt natürliche Sprechanlässe im Unterricht zu erzeugen bzw. zu simulieren und dabei vor allem auch Bewegung mit einzubinden, um die Teamarbeit zwischen den beiden Teilen des Großhirns zu fördern (BETZ 83). Die Verwendung von Musik, hauptsächlich Songs, im Englischunterricht oder auch von Bildern ist mittlerweile fester Bestandteil der Lehrwerke und sorgt dafür, dass auch der visuelle oder musische Bereich des Gehirns auf der rechten Hälfte angesprochen wird. Wie jedoch bekannt ist, kann unser Gehirn niemals alles, was ihm dargeboten wird, behalten, sondern es filtert die ihm übermittelten Informationen. Demnach behalten wir nur circa 20% dessen was wir akustisch aufnehmen und nur circa 30 % alles Gesehenen. Selbst Lerninhalte, die die Schüler über die akustischen UND visuellen Sinnesorgane aufnehmen (also zum Beispiel hören und sehen) werden in der Regel nur zu 70 Prozent in unserem Gedächtnis abgespeichert (BAWIDAMANN, 8). Aus diesem Grund ist es umso wichtiger, nicht einfach nur multisensorische Methoden einzusetzen, um mehrere Sinneskanäle und somit auch mehrere Lerntypen anzusprechen, sondern die Verknüpfung mehrerer Lernkanäle und aktiver Handlungsstränge wie zum Beispiel beim selbsttätigen Lernen zu fördern, um die Behaltensleistung zu erhöhen also „möglichst viele Speicherplätze zu belegen". Denn von dem, was wir eigenständig tun und machen, behalten wir stolze 90 Prozent. Ganzheitliches Lernen versucht also gehirngerechtes Lernen zu fördern, indem das Lernen mit allen Sinnen auch mit Bewegung, Entspannung, guter Laune, einer stressfreien Lernatmosphäre und vor allem eigenem Tun verbunden wird (HÄRDT, 33).

    Um dies zu erreichen bedient sich ganzheitlicher Unterricht wiederum handlungsorientierter Lernformen, die – wie es der Name bereits sagt – Handlungen (also auch Bewegungen) als festen Bestandteil haben, bzw. kooperativer Lernformen, da bei diesen die natürlichen Sprechanlässe, die ganzheitliches Lernen fordert, gut umgesetzt werden und sie zudem auch leicht mit Bewegung verbunden werden können (HÄRDT, 29). Während die Gemeinsamkeiten von kooperativen, handlungsorientierten und ganzheitlichen Lernformen in der Schüleraktivierung und dem selbstständigen, aktiven Tun der Schüler liegen, ist die Akzentuierungen innerhalb dieser Lernformen jedoch divergent.

    In Hinblick auf meinen Unterrichtsversuch, habe ich nach Auswertung der von mir angefertigten Umfragen bezüglich der Vor- und Nachteile von Blockunterricht beschlossen, mein Augenmerk vorrangig auf ganzheitliche Unterrichtsmethoden zu richten, da diese – wie eben geschildert – kooperative und handlungsorientierte Lernformen mit einschließen, jedoch ganzheitliche Schüleraktivierung anstreben, also einen zusätzlichen Fokus auf die Aktivität des Körpers haben. Dies war mir wichtig, da über die Hälfte der von mir befragten Schüler in Klassenstufe sechs und zehn angaben, dass ihnen langes Stillsitzen über einen Zeitraum von 90 Minuten schwer fällt (vgl. A2).

1.2.3 Bewegtes Lernen als Teilkonzept

In den letzten Jahren machte ganzheitliches Lernen auch unter dem Namen des bewegten Lernens Schule. Bewegtes Lernen als Teilbereich des ganzheitlichen Lernens mit allen Sinnen geht – wie die Bezeichnung schon sagt – von der Bewegung des Körpers aus, hört dort aber noch lange nicht auf. Die körperliche Aktivierung bei dieser Lernform ist eher Mittel zum Zweck, steht doch der Lernerfolg am Ende im Fokus – also geistige Aktivierung mittels körperlicher Aktivität. Dieser Gedanke ist dabei jedoch keinesfalls neu, so wussten schon Pestalozzi, Steiner oder Montessori um die lernförderliche Wirkung von Bewegung und versuchten diese in ihre Pädagogik zu integrieren (HÄRDT, 43). Maria Montessori zum Beispiel benutzte als Leitmotiv ihrer Pädagogik den kindlichen Ausspruch: „Hilf mir es selbst zu tun.", der ganzheitliches Lernen unter Einbeziehung von Körper und Geist fordert. Während die Schüler in herkömmlichem Unterricht meist medial-einseitig über Auge bzw. Ohr beansprucht werden, stellt die Bewegungserfahrung in ganzheitlichem Unterricht laut BUCHER eine Bereicherung dar. Bewegung wird somit als Mittel benutzt, kognitive Fähigkeiten, die Handlungsfähigkeit im sozialen Kontext und die Persönlichkeitserziehung zu verbessern. Auch dieser Gedanke ist keineswegs neu, selbst wenn die Bewegte Schule ein noch sehr junges Konzept ist. (BUCHER, 10).

Betrachtet man kindliches Lernen im Vorschulalter, muss man feststellen, dass Bewegung die Grundlage aller Handlungs- und Kommunikationsfähigkeit bildet. Das heißt, Persönlichkeitsentwicklung geschieht durch die tätige Auseinandersetzung des Kindes mit seiner Umwelt, also durch Handeln, in welchem „Bewegungstätigkeit, Erleben und Kognition eine untrennbare Einheit bilden" (BUCHER, 12). Dabei scheint ein Kind intuitiv zu wissen, dass seine persönlichen Erfahrungsbereiche untrennbar sind und ständig im Zusammenspiel ganzheitlich miteinander interagieren. Es lernt aus eigenem Willen, spielerisch-handelnd, altersgemäß und hat Freude am Lernen. Muss dies mit dem Schuleintritt vorbei sein?

In der Schule ist Bewegung nur selten außerhalb des Sportunterrichts zu finden. Bedenkt man jedoch, dass Schüler im Durchschnitt über 300 Minuten am Tag still in der Schule sitzen müssen, wird klar, wie viel Abwechslung und somit auch Auflockerung dem Fachunterricht zugutekommen kann, wenn man bewegtes Lernen anwendet und sich einzelne Sinneseindrücke mit der Beanspruchung verschiedener motorischer Leistungen abwechseln. Dadurch kann der Unterrichtsablauf laut BUCHER enorm aufgelockert werden, wodurch ein Elan-Anstieg bei den Schülern erfolgen soll (8-17). Auch MERTENS und WASMUND-BODENSTEDT betonen diesen Aspekt des bewegten Lernens, bringe diese Lernform für die Schüler doch eine willkommene Abwechslung in den vom Sitzen dominierten Fachunterricht, erhalte die Lernfreude und baue Ermüdungserscheinungen ab, was zu neuer Aufnahmebereitschaft führt (9). Aus diesem Grund habe ich ganzheitlich-bewegte Methoden der Schüleraktivierung in das

Blickfeld meiner Untersuchung gestellt, um deren in der Fachliteratur gepriesenen Vorzüge in der Praxis zu erproben, denn gerade durch bewegtes Lernen soll im 90-minütigen Blockunterricht sowohl Monotonie vermieden werden können, was einen Motivationsanstieg bei den Schülern begünstigt, als auch die mentale Leistungsfähigkeit der Schüler verbessert werden (BUCHER, 18).

Die biologische und psychologische Begründung für diese Vorzüge des bewegten Lernens leuchtet ein: durch die Bewegung vergrößert sich die Blutmenge im Gehirn, was mit einer verbesserten Sauerstoffversorgung einhergeht und dafür sorgt, dass mehr neurale Verbindungen aufgebaut werden. Diese Verbindungen ermöglichen eine stärkere Vernetzung des Gehirns und fördern dadurch komplexeres Denken. Außerdem vermag es Bewegung, die Stimmungslage durch Ausschüttung von Endorphinen positiv zu beeinflussen, was im Allgemeinen jedem Unterricht zugutekommt, da eine positive Atmosphäre die Lernleistung fördert (HÄRDT, 36). Dies alles soll nun aber nicht heißen, dass Schüler beim bewegten Lernen am Ende einer Englischstunde verschwitzt, ausgepowert und mit einem Puls von 180 auf den Bänken liegen. Vielmehr sollen bewegte Elemente mit in den Unterricht integriert werden, sei es durch isolierte, unabhängig vom Lehrstoff stehende Bewegungseinheiten von 2-10 Minuten, durch die Verknüpfung von Bewegung mit Lerninhalten oder durch Lernformen, die eben mehr Bewegung zulassen (HÄRDT, 28). Laut BAWIDAMANN ist bewegtes Lernen demnach keine eigenständige Lernform, sondern eher eine Art Ergänzung, zur Verbesserung des traditionellen Unterrichts (8). Wichtig ist dabei gleichwohl immer der Wechsel von Bewegung und Entspannung, um eine Überforderung nach erhöhter physischer Aktivität oder großer geistiger Anstrengung zu vermeiden, denn Entspannungs- und Erholungsphasen sorgen – nicht nur bei Schülern – für geistige Frische, Gelöstheit und das Gefühl nach einer Anstrengungsphase wieder erholt zu sein (HÄRDT, 38).

Ein weiterer, nicht zu unterschätzender Aspekt des bewegten Lernens ist die Notwendigkeit größerer physischer Aktivität der Schüler auf Grund erschreckend häufig auftretender Haltungsschäden, fehlender Spiel- und Bewegungsräume sowie einseitiger, bewegungsarmer Freizeitgestaltung der Heranwachsenden (BUCHER, 16). Auch der zunehmende Leistungsdruck unserer Gesellschaft in Wirtschaft und Schule verursacht eine immer größere nervliche Anspannung der Schüler, was häufig zu Stress und Überbelastung führt, die durch mehr Bewegung gemindert werden könnte (MERTENS/WASMUND-BODENSTEDT, 6). Diese Kriterien, die die Signifikanz von mehr Bewegung und physischer Aktivität der heranwachsenden Generation aufzeigen, spielen zwar für meine empirische Untersuchung keine weitere Rolle, verdeutlichen jedoch, dass bewegtes Lernen über die für meine Untersuchung relevanten schüleraktivierenden, motivationsfördernden und konzentrationssteigernden Eigenschaften hinaus, ernstzunehmenden Problemen entgegenzuwirken versucht, die den Einsatz solcher Methoden umso mehr fordern.

1.3 Zielsetzung der Studie

Wie im vorangegangenen Kapitel bereits erwähnt, sind ganzheitliche, multisensorische und bewegte Formen des Lehrens und Lernens keine neue Idee, sondern haben bereits in der Reformpädagogik ihre Ursprünge. Der Unterschied heutzutage ist jedoch, dass die damaligen Vermutungen, ganzheitliches und bewegtes Lernen mit allen Sinnen würde die Lernleistung verbessern, nicht mehr nur bloße Vermutungen sind, sondern durch neurophysiologische Erkenntnisse der Hirnforschung belegt wurden (HÄRDT, 43). Deshalb ist es auch nicht Ziel meiner empirischen Untersuchung, die gesteigerte Lernleistung der Schüler durch aktivierende Methoden des ganzheitlichen und bewegten Lernens zu beweisen. Vielmehr möchte ich die Möglichkeiten solch schüleraktivierender, ganzheitlich-bewegter Methoden im Englischunterricht hinsichtlich der Auflockerung des 90-minütigen Blockunterrichts untersuchen und mich mit der Frage auseinandersetzen, wie dies im schulischen Kontext, also in einem künstlichen Lernumfeld, in dem es kaum authentische Sprechanlässe gibt und Schüler gefragt sind, sich zu vorgegebenen Themen in der Fremdsprache zu äußern, geschehen kann. Dass solch schüleraktivierende Methoden eine motivationssteigernde und ermüdungsreduzierende Wirkung haben können, wurde im vorangegangenen Kapitel durch Belege aus der Fachliteratur aufgeführt und soll während der empirischen Untersuchung nicht weiter in Frage gestellt werden. Ziel dieser Studie ist es vielmehr, eben solche Methoden auf Anwendbarkeit innerhalb des Faches Englisch zu erproben und Schlussfolgerungen für deren Einsatz im Blockunterricht zu ziehen. Dabei wird folgende Problemstellung näher beachtet werden:

1. Welchen Beitrag können schüleraktivierende, ganzheitlich-bewegte Lernformen in Hinblick auf eine abwechslungsreiche Unterrichtsstruktur leisten, um die Lernmotivation zu erhöhen?
2. In welchem Rahmen kann man physische Aktivierung sowie Entspannungs- und Erholungsphasen sinnvoll mit Lerninhalten des Faches Englisch verknüpfen, um der Ermüdung und geistiger Erschöpfung der Schüler entgegenzuwirken?
3. Welche unterschiedlichen Formen schüleraktivierender, ganzheitlich-bewegter Lernformen bieten sich dabei für jüngere und ältere Lerner an?

1.4 Einordnung des Themas in den Lehrplan

Der SÄCHSISCHE LEHRPLAN AN GYMNASIEN gibt neben den inhaltlichen Zielen für jedes Fach auch überfachliche Bildungs- und Erziehungsziele an, die für den gesamten Gymnasialzweig gelten und in Einklang mit den fachlichen Zielen erreicht werden sollen. Denen zufolge wird angestrebt, dass die Heranwachsenden zum einen intelligentes und anwendbares Wissen erwerben, zum anderen aber auch Lern-, Methoden- und Sozialkompetenzen entwickeln und ausbauen. Dies dient dem Zweck der Vorbereitung auf ein selbstbestimmtes Leben, welches durch sozial verantwortliche Handlungen bestimmt ist (VIII). Um die Schüler nun auf ein solches selbstbestimmtes Leben vorzubereiten, müssen sie auch im schulischen Kontext mit selbstständigem und aktivem Tun vertraut gemacht werden. Das bedeutet, dass neben dem Wissenserwerb zum Beispiel auch die eigenständige Informationsbeschaffung, der kritische Umgang mit Medien, das selbstorganisierte und selbstgesteuerte Lernen sowie die eigene Arbeitsorganisation Unterrichtsinhalte sein müssen (VIII). Bereits an diesen Forderungen zeigt sich, dass der sächsische Lehrplan für Gymnasien den Schüler als ganzheitliches Individuum sieht und die Bildung sowie Erziehung als individuellen und gesellschaftlichen Prozess versteht:

> „Die Schule als sozialer Erfahrungsraum muss den Schülern Gelegenheit geben, den Anspruch auf Selbstständigkeit, Selbstverantwortung und Selbstbestimmung einzulösen und Mitverantwortung bei der gemeinsamen Gestaltung schulischer Prozesse zu tragen." (IX)

Diese signifikante Betonung des *Selbst* verlangt, dass dies nicht nur als erstrebenswertes Ziel von Schule verstanden wird, sondern auch als Charakteristikum von modernem, auf den ganzheitlich agierenden Schüler ausgerichtetem Unterricht. Aus diesem Grund schreibt der Lehrplan ebenfalls die Gestaltung der Bildungs- und Erziehungsprozesse vor und verlangt eine Anpassung an unsere moderne Lern- und Schulkultur, die sich in jüngster Vergangenheit einer großen Veränderung unterzogen hat und den Lernenden heutzutage mit all seinen individuellen Interessen, Neigungen und Erfahrungen in den Mittelpunkt der Betrachtung stellt.

> „Dazu ist ein Unterrichtsstil notwendig, der beim Schüler Neugier weckt, ihn zu Kreativität anregt und Selbsttätigkeit und Selbstverantwortung verlangt. Das Gymnasium bietet den Bewegungsaktivitäten der Schüler entsprechenden Raum und ermöglicht das Lernen mit allen Sinnen." (IX)

Diese Forderung ruht auf dem Fundament des ganzheitlichen Lernens mit allen Sinnen, bei dem auch der Teilbereich des bewegten Lernens Anwendung finden soll – und dies nicht nur in den unteren Klassenstufen der Sekundarstufe I, sondern in allen Jahrgängen des Gymnasiums, in allen Fächern, für alle Schüler. Die Lernenden sollen demnach möglichst handlungsorientiert, multisensorisch, motivierend und bewegt unterrichtet werden, um sie zu selbsttätig agierenden Individuen zu erziehen, die auf das eigenständige Leben nach der Schule vorbereitet werden.

Was für alle Fächer am Gymnasium gilt, wird im LEHRPLAN DES FACHES ENGLISCH für diese Fremdsprache noch konkretisiert. So ist der Unterricht ganzheitlich und schüleraktiv zu gestalten und soll den Lernenden die Möglichkeit bieten sich in nahezu authentischen Situationen in der Fremdsprache zu äußern (4). Unter handlungsorientiertem Lernen im Englischunterricht versteht man, dass die englische Sprache zugleich Mittel zum Zweck ist, das heißt „learning by doing" stattfinden muss (HAß, 21). Der Lehrplan des Faches Englisch verpflichtet aus diesem Grund zur funktionalen Einsprachigkeit und verlangt somit die kommunikative Handlung der Schüler in der Fremdsprache. Der Schüler soll „durch und mit Sprache etwas tun" (4). Dadurch werden wiederum vermehrt natürliche Sprechanlässe geschaffen, die im Einklang mit der neuro-physiologischen Forschung gehirngerechtes Lernen unterstützen.

Natürlich muss man sich dieser Einsprachigkeit schrittweise nähern. Ein Schüler der sechsten Klasse wird kaum in der Lage sein, während Gruppenarbeitsphasen komplett auf Englisch mit seinen Mitschülern zu kommunizieren – doch sollte dies mit zunehmendem Alter angestrebt werden. Ebenso verhält es sich mit der Selbsttätigkeit des Lerners, welche nach und nach erworben werden muss, um letztendlich zum „wichtigsten Aspekt des Fremdsprachenunterrichts" zu werden (5).

All dies verdeutlicht, dass ganzheitliches, handlungsorientiertes und bewegtes Lernen, also schüleraktivierende Lernformen, sowohl Platz im Rahmen der pädagogischen Handlungsfreiheit finden als auch vom sächsischen Lehrplan für Gymnasien regelrecht gefordert werden. In wie fern es möglich ist, solche Methoden in diversen Klassenstufen und zu vielerlei Themen einzusetzen und inhaltlich mit dem Lernstoff zu verbinden, wird meine empirische Untersuchung in den Klassenstufen sechs und zehn zeigen. Diese beiden Klassenstufen unterscheiden sich zum einen durch die fremdsprachliche Kompetenz, so stehen die sechsten Klassen noch relativ am Anfang des Englischunterrichts, während die zehnten Klassen schon den Übergang in die Sekundarstufe II darstellen. Zum anderen unterscheiden sie sich ebenfalls auf Grund ihres Alters und dem entsprechenden Spieltrieb, was natürlich in den gewählten Methoden mit berücksichtigt werden muss. Dennoch gilt im Rahmen dieser Untersuchungsreihe für beide Klassenstufen lehrplan- und altersgerecht Selbsttätigkeit, Schüleraktivität und Handlungsorientierung zu ermöglichen, um diese Lernformen in Hinblick auf die Auflockerung des Blockunterrichtes untersuchen zu können.

2.1 Beschreibung der empirischen Gesamtplanung und Methodologie

Die Planung und Vorbereitung meiner empirischen Untersuchung begann mit der Themenfindung und der Formulierung der zuvor genannten Ziele, die ich während der Versuchsreihe anstreben wollte. Danach überlegte ich, in welcher Klassenstufe ich die Versuchsreihe durchführen möchte. Ich entschied mich dafür, zwei Klassenstufen zu untersuchen, da ich sowohl für die unteren Jahrgänge als auch für die höheren Klassenstufen geeignete Wege ergründen wollte, den Blockunterricht aufzulockern. Aus zuvor bereits genannten Gründen wie Unterschiede im Lernlevel, Alter der Schüler und Spieltrieb, entschied ich mich für die Klassenstufen sechs und zehn, um ein gültiges Ergebnis für heterogene Ausgangssituationen zu erhalten, die man auf möglichst viele Klassenstufen übertragen kann. Nachdem ich die Klassenstufen ausgewählt hatte, führte ich in beiden eine Umfrage zum Thema Blockunterricht durch, von deren Ergebnissen ich meine konkrete Problemstellung für den Unterrichtsversuch ableitete. Beispielsweise wurde mir durch die Ergebnisse der Befragung klar, dass ich nicht den Einsatz der selben Methoden in zwei verschiedenen Klassenstufen vergleichen wollte, sondern vielmehr verschiedene, alters- und bedürfnisgerechte Unterrichtsmethoden ergründen wollte, die Schlüsse über eine geeignete Anwendungen in den entsprechenden Altersstufen zuließen.

Da für die Durchführung des Versuches acht Einzel- bzw. vier Doppelstunden empfohlen werden, wollte ich diese zu gleichen Anteilen in den beiden Klassenstufen aufteilen, was pro Klassenstufe zwei Blöcken entsprach. Um eine größere Gültigkeit zu erreichen, entschloss ich mich jedoch dazu, auch in den anderen von mir unterrichteten Blöcken dieser Klassenstufen ganzheitliche, bewegte und schüleraktivierende Lernformen anzuwenden. Auch wenn diese keinen Rahmen haben, in dieser Studie alle analysiert zu werden, so trägt doch die vertiefte Erfahrung mit solchen Methoden dazu bei, ein fundiertes Resümee ziehen zu können.

Nachdem ich über die Anzahl und die Verteilung der Unterrichtsstunden in den Klassenstufen entschieden hatte, legte ich die Zeit und Dauer des Einsatzes in diesen Jahrgängen fest, was natürlich zu großen Teilen von externen Faktoren wie Praktika, Ferien oder Klassenfahrten beeinflusst wurde. Anschließend erstellte ich einen Ablaufplan für die Stoffeinheiten und überlegte, welche schüleraktivierenden Methoden für die ausstehenden Lernbereiche in der entsprechenden Klasse geeignet wären und mit welchen inhaltlichen Schwerpunkten diese gut korrespondieren würden.

Während der Durchführung der empirischen Untersuchung erstellte ich für die sechste Klasse einen Auswertungs-Fragebogen zu den angewandten Methoden, der nach Beendigung der Stoffeinheit von den Schülern beantwortet werden sollte. In der Klassenstufe zehn erfolgte die Evaluation der erprobten Lernformen über ein Methodenbarometer, ein Blitzlicht-Feedback sowie mündliche Befragung. Beide Klassen führten diese Auswertungen zu Beginn des nachfolgenden Unterrichtsblockes durch.

2.2 Unterrichtliche Voraussetzungen in Klasse 6

Die Klassenstufe sechs wurde bezüglich meines Unterrichtsversuches von der Klasse 6/1 repräsentiert. Die Klassenstärke beträgt 28 Schüler, wobei die Geschlechterverteilung recht ausgewogen ist. Sowohl die fachlichen als auch die sozialen Bedingungen betreffend, gibt es keine besonderen Auffälligkeiten in dieser Klasse. Es handelt sich um eine ruhige, gut disziplinierte Lerngruppe, die heterogene Fachkompetenzen mit sich bringt. Unterrichtet wird mit dem Lehrbuch Englisch G21, A2 von Cornelsen.

2.3 Darstellung ausgewählter Unterrichtsstunden in Klasse 6

Die gesamte Stoffeinheit *A Weekend in Wales* wurde von mir unterrichtet. Im Folgenden sollen daraus zwei Doppelstunden ausführlich dargestellt, begründet sowie reflektiert werden. Die Auswahl der Unterrichtsstunden war nicht einfach, da auch in anderen Blöcken gute Anhaltspunkte für die in 1.3 formulierten Fragestellungen zu finden gewesen wären. Letztendlich entschied ich mich jedoch für die im nachfolgenden Stoffverteilungsplan gelb unterlegten Blöcke. Alle verwendeten Materialien dazu sowie die Stundenverlaufsskizzen befinden sich im Anhang.

Datum	UE	Stoffeinheit	Thema der Stunde
17.3.2011	1+2	A Weekend in Wales	Introduction Wales
18.3.2011	3+4		Dan & Jo's weekend trip
24.3.2011	5+6		Present perfect
25.3.2011	7+8		At the doctor's
31.3.2011	9+10		Presentations and exercises
01.4.2011	11+12		Grandma's new software
07.4.2011	13+14		A day in the life of... a paramedic

Um den Bezug zum Unterrichtsblock nicht zu verlieren, möchte ich jedoch nicht nur die einzelnen schüleraktivierenden Sequenzen, sondern die beiden Doppelstunden als Ganzes analysieren, wobei ich natürlich vertieft auf die von mir verwendeten ganzheitlich-bewegten Methoden eingehen werde. Diese Lernformen allerdings eigenständig und voneinander getrennt zu beleuchten, ohne zum Beispiel auch auf deren Reihenfolge einzugehen, würde meines Erachtens keinen Bezug zum Unterrichtsblock ermöglichen und somit wenige Schlüsse über dessen angestrebte Auflockerung zulassen. Diese näher beleuchteten Unterrichtssequenzen sind in der Stundenverlaufsplanung im Anhang jeweils blau hervorgehoben. Zum Einsatz kamen in den beiden hier analysierten Unterrichtsblöcken ganzheitlich-bewegte Methoden wie Laufdiktat, Standbild, Laufgespräch, ein pantomimisches Roboterspiel, die Methode des kollektiven Schreibens sowie zwei Entspannungsphasen.

2.3.1 Beschreibung und Reflexion des Blockes: Introduction Wales

Bei dieser Doppelstunde handelte es sich um die Einführungsstunde zum Thema *A Weekend in Wales*, was gleichzeitig auch der Name der neuen Unit im Lehrbuch war. Die Unterrichtseinheit ist grob in sechs Phasen unterteilbar, wobei drei davon schüleraktivierende und ganzheitliche Lernformen aufgreifen, auf die ich im Folgenden näher eingehen werde.

Die erste Phase war eine kurze Einführung zur geografischen Lage Wales, die als Lehrer-Schüler-Interaktion erfolgte und schon bekannte Fakten über das Vereinigte Königreich wiederholen und festigen sollte. Um die Schüler neugierig zu stimmen, öffnete ich zu Stundenbeginn wortlos die Tafel auf der folgendes Wort zu lesen war: *Llanfairpwllgwyngyllgogerychwyrndrobwlllantysiliogogoch*. Nach kurzem Gelächter, fragte ich, wer von den Schülern mir sagen könne, was da an der Tafel steht. Wie erwartet sahen mich lediglich große Augen an, eine handfeste Idee jedoch hatte keiner. Mein Ziel der Neugierde schien erreicht zu sein. Die Schüler wirkten aktiviert, wach und wissbegierig. Da Verblüffung, Verwirrung oder auch Überraschung laut GUDJONS Neugier auslösende Emotionen sind, kann durch sie die Motivation der Schüler gesteigert werden, was in diesem Fall gelungen zu sein schien. Anschließend erklärte ich lediglich kurz, dass es sich bei dem Wort um einen Ort in Wales handelt, um so den Bogen zu diesem Thema zu spannen. Zur besseren visuellen Vorstellung zeigte ich eine Karte auf Folie, mit deren Hilfe die Schüler Wales näher kennen lernen sollten. Um die Neugier der Schüler aufrechtzuerhalten, waren jedoch nicht alle Informationen auf der Karte eingezeichnet, so auch nicht die Grenze von Wales oder die Namen umliegender Gewässer. Die Schüler sollten vielmehr selbst zusammentragen, was ihnen bereits bekannt ist, um im Klassenverband gemeinsam zu den entsprechenden Lösungen zu gelangen. Bis auf ein paar wenige Ausnahmen, bei denen ich auflösend zur Seite stehen musste, gelang dies den Schülern sehr gut.

Die zweite Phase, in der sie landeskundliche Informationen über Wales sammeln sollten, war durch längeres selbstständiges Arbeiten der Lernenden in Verbindung mit Bewegung charakterisiert. Dies geschah durch ein *Laufdiktat*, bei dem die Schüler in Einzelarbeit zu den im Klassenraum verdeckt hängenden Zetteln gingen und sich verschiedene Informationen durchlesen, merken und richtig aufschreiben mussten. Die Reihenfolge der Informationen und somit die Bearbeitung der Zettel waren dabei frei wählbar, sie bildeten keinen aufeinander aufbauenden Text, was wichtig war, damit es nicht zu Staus an den einzelnen Punkten kam. Lediglich ein farbiger Zettel war als Zusatztext für die schnelleren Schüler vorgesehen. Im Vergleich zu einem herkömmlichen Diktat bedarf diese Methode zwar mehr Zeit, doch diese Investition lohnt sich, denn es werden gleichzeitig die Rechtschreibkompetenz sowie die Leseleistung und Konzentrationsfähigkeit trainiert. Da in den Klassen fünf und sechs noch größere Probleme mit der Rechtschreibung herrschen als in höheren Klassen, ist es sehr vorteilhaft, wenn die Schüler die zu schreibenden Wörter noch einmal richtig geschrieben lesen können, bevor sie sie schreiben müssen. Ein weiterer Vorteil gegenüber herkömmlichen Diktaten ist der Spaß, den die Schüler dabei erleben. Durch den wettbewerbsähnlichen Charakter und die Herausforderung, schnell alles richtig aufgeschrieben zu haben, verbunden mit der zusätzlichen Bewegung im Klassenzimmer, wird die sonst so ermüdende Monotonie von herkömmlichen Diktaten oder Schreibübungen vermieden. Den Beweis dafür, wie viel Freude diese Methode den Schülern bereitete und welch Abwechslung sie zum alltäglichen Schulablauf darstellte, lieferte mir eine Kollegin, die mich fragte, wie genau das Laufdiktat ablief, da die Schüler ihrer Klasse dies auch wünschten, nachdem sie von den Schülern der 6/1 davon gehört hatten. Anschließend folgte noch ein Vergleich mit dem Originaltext, bei dem die Schüler die Sätze ihres Nachbarn mit dem Text auf der Folie vergleichen mussten. Gemeinsam mit mir als Lehrerin wurde daraufhin das Verständnis der landeskundlichen Informationen gesichert und ein paar wenige neue Vokabeln des Textes besprochen.

 Um den Kreis zu schließen spielte ich den Schülern eine Audioaufnahme der Aussprache des Ortes mit dem längsten Namen in Europa vor. Durch das Laufdiktat hatten die Schüler nun nähere Informationen zu dem merkwürdigen Wort an der Tafel erhalten. Die Audiodatei bot abrundend die Möglichkeit, den Schülern einen Einblick in die walisische Sprache zu ermöglichen und sie fanden die für sie komische Aussprache des walisischen Ortes sehr amüsant.

 Um die Schüler nach dem sowohl körperlich als auch geistig sehr fordernden Laufdiktat mit neuer Energie zu versorgen, folgte dem konzentrations- und bewegungsintensiven Laufdiktat eine *Entspannungsphase*, in der sie sich ein von mir zusammengestelltes Video walisischer Impressionen gekoppelt mit Musik anschauen konnten. Da die maximale Konzentrationsdauer von Kindern in diesem Alter nur bei ca. 25-30 Minuten liegt, war eine solche Pause nötig, um der geistigen Ermüdung entgegenzuwirken und das nachfolgende Leistungsniveau zu steigern (HÄRDT, 48). Des Weiteren sollte die sanftmütige Art des Musikstückes dafür sorgen, Ruhe in die eventuell nach dem Laufdiktat von Aufgewühltheit geprägte Klasse zu bringen. Das Laufdiktat lief in der 6/1 jedoch so diszipliniert, ruhig und ohne rennen oder schupsen ab, dass dieser Effekt hier vernachlässigt werden konnte. In anderen Klassen habe ich dies aber auch durchaus schon anders erlebt. Die Schüler der 6/1 schauten sich die Präsentation dennoch aufmerksam an und waren von einigen Bildern sichtlich entzückt. Auch wenn sie laut ihre Enttäuschung über das Ende der „nur" 5-minütigen Präsentation äußerten, schienen mir die Schüler nach dieser Entspannungseinheit gestärkt für die nächste mentale Lernphase. Diese bestand in einer recht traditionell durchgeführten Textaufgabe, bei der die Schüler zuerst nach einem vom Lehrer vorgetragenen Text Bilder in die richtige Reihenfolge brachten und anschließend den Text selbst lasen und mit dem Banknachbarn mündlich Verständnisfragen dazu klärten. Dieser Text handelte von einer walisischen Legende um einen

Prinzen und seinen Hund, was dem Interesse der Schüler nachkommen und deren Erfahrungswelt mit walisischer Kultur verknüpfen sollte.

Nach der Sicherung des Textverständnisses sollten sich die Schüler szenisch mit der Legende auseinandersetzen, indem sie eine Episode daraus auswählten, um diese mit einem Partner als *Standbild* nachzustellen. Da diese Methode, auch bekannt als *Freeze Frame* oder *Lebendes Bild*, für die Lernenden neu und mit ein wenig Mut verbunden war, durften sie sich für diese bewegte Unterrichtsphase selbst einen Partner auswählen. Kleingruppenarbeit, also auch die Partnerarbeit, zeichnet sich durch eine höhere Interaktionschance des einzelnen Schülers, eine verbesserte Ausprägung sozialer Verhaltensweisen und einer „Verstärkung produktiver, kreativer Prozesse" aus (GUDJONS, 33). Des Weiteren lassen sich Motivation und Schüleraktivität durch diese Sozialform deutlich steigern (GUDJONS, 34). Allein die Beobachtung der Schüler während der Vorbereitungsphase der Standbilder, in der ich mich als Lehrerin zurückzog, bereitete mir schon große Freude, auch wenn die Lernenden dabei nicht immer der Einsprachigkeit treu blieben. Sie hatten sichtlich Spaß und lebten sogar unaufgefordert ihren kreativen Schaffensdrang bei der Requisitengestaltung aus. Die Ergebnispräsentation, bei der die Gruppen ihr Standbild aufführten und eine Minute lang einfroren, solange die Mitschüler klärten, um welche Szene es sich handelt, erfolgte dann jedoch wieder vollständig in der Fremdsprache. Sowohl die dargestellten Bilder als auch deren Erklärungen durch die Mitschüler zeugten von einer aktiven Auseinandersetzung mit der Legende.

Nach dieser körperlich aktiven und handlungsorientierten Phase, folgte eine Schreibübung, bei der die Schüler die walisische Legende umschreiben sollten. Dafür waren drei der fünf Zeichnungen auszuwählen, auszuschneiden und in einer beliebigen Reihenfolge anzuordnen. Zu diesen drei Bildern galt es dann einen Text zu verfassen, der als Hausaufgabe beendet wurde. Zusätzlich sollte ein weiteres Bild zu der Geschichte gezeichnet werden, um dafür zu sorgen, dass die Schüler nicht nur einen kurzen Text zu den drei schon vorhandenen Zeichnungen schreiben, sondern auch eigene kreative Ideen und eigene Sprache beisteuern.

Reflektierend betrachtet verlief die Doppelstunde weitestgehend wie geplant. Die kleinen Überraschungen, die sie bereit hielt waren eher positiver Natur, so war ich sehr von der Arbeitsweise und Disziplin der Schüler beeindruckt. Besonders deutlich wurde dies beim Laufdiktat, welches zwar zügig und unter offensichtlich kompetitiven Charakter stattfand, aber völlig ohne Drängeln oder Chaos. Es wurde kein einziges Wort gesprochen und selbst die langsameren Schüler wollten unbedingt den Zusatztext vollständig aufschreiben. Aus diesem Grund dauerte diese Unterrichtssequenz zwar ein paar Minuten länger als geplant, doch habe ich die Motivation und den Flow dieser Schüler nicht unterbrochen, denn gerade darauf kam es mir ja an.

Auch beim Standbild schien es, als hätten die Schüler kurzzeitig vergessen, dass sie Unterricht haben. Es wurde gelacht und gealbert, was aber mit einem kreativen Schaffensprozess einherging und somit nicht störte. Dass die Methoden bei den Schülern gut ankamen, zeigte sich auch in der abschließenden Auswertung durch einen Fragebogen, nach dem das Standbild von den Schülern die Note 2,0 und das Laufdiktat die Note 2,2 bekam. Fast durchweg wurden die positiven Noten mit dem Spaßfaktor und der Bewegung begründet, ein paar wenige Schüler bemängelten jedoch beim Laufdiktat die hohe Konzentration, die es forderte. Mit Abstand die beste Note aller innerhalb dieser empirischen Untersuchungsreihe angewandten Methoden – nämlich eine 1,1 – erhielt die Entspannungssequenz mit dem Video walisischer Impressionen. Während es bei fast jeder Methode jemanden gab, dem diese aus unterschiedlichen Gründen nicht ganz so zusagte, waren sich alle Schüler der 6/1 bei der Entspannungsphase einig. Sie schienen regelrecht dankbar gewesen zu sein, auch einmal NICHTS tun zu dürfen und nahmen die Erholung sehr wohl war.

2.3.2 Beschreibung und Reflexion des Blockes: At the Doctor's

Diese Doppelstunde folgte einer Grammatikeinführung des Present Perfect, bei der die Schüler die neue Zeitform in ihrer Bildung von bejahten und verneinten Aussagesätzen sowie deren Verwendung kennen gelernt haben. Die Hausaufgabe bestand darin, einfache Aussagesätze zu formulieren, die darüber informierten, welche Krankheiten die Schüler bereits hatten oder welche noch nicht. Inhaltlich war die Aufgabe an die Krankheit des Lehrwerkkindes Dan geknüpft, der während des Besuches seiner Großeltern in Wales erkrankte. Auch diese Stunde stellt eine Mischung aus traditionellen und ganzheitlich-bewegten Lernformen dar, wobei ich letztere näher auslegen werde.

     Da es sich hierbei um den ersten Unterrichtsblock des Tages handelte, begann ich mit einer bewegten Phase, um die Schüler sowohl geistig als auch körperlich zu aktivieren und eine evtl. noch vorhandene Müdigkeit zu bekämpfen. Dafür verwendete ich die Methode *Laufgespräch*, bei der die Schüler sich mit einem Partner über ihre Krankheiten mündlich austauschen sollten, während sie dabei auf dem Gang der Schule auf und ab liefen. Das Laufen dient bei dieser Methode lediglich der Bewegung und hat keinerlei Verbindung zum Stoff. Man könnte den Dialog ebenso im Sitzen durchführen, was vielleicht dem ein oder anderen Schüler bei der ersten Anwendung sonderbar vorkommt: Wieso soll ich jetzt hin und herlaufen beim Reden? Die Schüler der Klasse 6/1 waren über die zugelassene Bewegung allerdings sehr erfreut und führten das Gespräch diszipliniert aus. Auch die anschließende Ergebnissicherung in Form eines zusammenfassenden Satzes, der die eigene Krankheitsgeschichte mit der des Partners verglich, zeigte, dass sie die Übung aufmerksam durchgeführt hatten. Ziel dieser Übung war also zum einen, die Wiederholung der zuvor gelernten Struktur des Present Perfect, zum anderen aber auch die Sauerstoffversorgung des Gehirns und somit die bessere Leistungsbereitschaft im Anschluss durch Bewegung.

Es folgte eine traditionelle Erarbeitungsphase, in der die Lerner Vokabular für Körperteile und deren Funktionen sammeln sollten. Im Lehrer-Schüler-Gespräch wurden dabei Begriffe für Körperteile in einer Tabelle gesammelt, von denen die meisten Wörter vielen Schülern schon bekannt waren. Anschließend sollten sie diesen in Einzelarbeit entsprechende Tätigkeitsverben zuordnen. Zur Unterstützung und Motivation fand dies als eine Art Rätsel statt, bei dem die Schüler Vorgaben mit fehlenden oder durcheinander geratenen Buchstaben an der Tafel fanden. Die Schüler mussten mit diesen die zweite Spalte der Tabelle in Einzelarbeit füllen, wobei es wichtig war, den Nachbarn wirklich nicht in seinen Hefter schauen zu lassen, da auf diese Eintragungen die anschließende bewegte Übungsphase aufbaute.

Bei einem *Roboter-Spiel* hatten die Schüler die Aufgabe, mit einem selbst gewählten Partner das Vokabular für Tätigkeiten und Körperteile anzuwenden, indem sie sich gegenseitig vorschrieben, wie sie sich zu bewegen hatten. Dafür war jeder Schüler erst fünf Minuten lang Roboter und dann – nach Signal durch den Lehrer – ebenso lange Instrukteur bzw. anders herum. Da noch keine Ergebnissicherung der Verbzuordnung stattgefunden hatte, waren auch vielfältige Kombinationen mit unterschiedlichen Körperteilen möglich und die Schüler ließen sich spontan sogar noch neue einfallen, nur um ihren Partner lustige Bewegungen ausführen zu sehen. So wurden zum Beispiel auch Instruktionen wie: „Turn around and shake your popo²" oder „ Touch your feet and jump" formuliert und ausgeführt. Bewegung und Sprache standen bei dieser Übung in enger Verbindung miteinander, so unterstrich die Bewegung zum einen die Bedeutung des sowohl vertrauten als auch neuen Vokabulars, sorgte zum anderen aber auch für eine bessere neuronale Vernetzung und somit Verknüpfung mit Bekanntem, da beide Gehirnhälften gleichermaßen beansprucht wurden. Ein weiterer nicht zu vernachlässigender Punkt dieser Übung war jedoch der Spaßfaktor, der die Schüler motivieren und ihnen somit neue Möglichkeiten des Vokabellernens offenbaren sollte.

Nach einer solch intensiven Arbeitssequenz wollte ich den Schülern die Möglichkeit einer *Erholungsphase* bieten und ihnen innerhalb des Blockes, wie von HÄRDT empfohlen, eine Art Pause von kognitiver und körperlicher Anstrengung einräumen. Dafür wählte ich diesmal jedoch eine Übung, in der die Schüler trotz entspannendem Effekt selbstständig aktiv waren und handlungsorientiert den eben behandelten Wortschatz festigten und in einem Endprodukt künstlerisch festhielten. Dazu sollten die Mädchen und Jungen einen menschlichen Körper zeichnen, wobei sie jedoch keine normalen Linien verwenden durften, sondern lediglich die Worte, die das zu zeichnende Körperteil benannten. Eine kurze, von mir an der Tafel vorgeführte Demonstration verdeutlichte, was von den Schülern gefordert war und unterstrich die auf Englisch gegebene Arbeitsanweisung zusätzlich. Obwohl ich erwartete, dass diese Übung bei den Mädchen weitaus größeren Anklang findet, schienen Jungen und Mädchen diese gestalterische Übungs- und Entspannungsphase gleichermaßen zu genießen. Sie versanken in ihrem kreativen Schaffensprozess und fertigten die Wortkörper teilweise viel ausführlicher und detaillierter an als erwartet. So wurden zum Beispiel nicht nur einzelne Haare angedeutet oder an einem Bein exemplarisch gezeigt, was Zehen sind, sondern mit Präzision und Hingabe ein Haar und eine Zehe nach der anderen beschriftet. Für die schnelleren Schüler, die nicht diesen Anspruch auf Vollständigkeit hegten, bestand die Aufgabe, zusätzlich zu den Körperteilen auch noch Beispiele von Tätigkeitsverben in dem Bild zu integrieren und diese durch Einkreisung hervorzuheben.

Gestärkt für die nächste mentale Betätigung, sollten die Lerner in einer anschließenden kurzen Erarbeitungsphase, Formulierungen finden, die bei einem Arztbesuch seitens des Doktors gestellt werden. Diese dienten als unterstützendes Sprachmaterial für die Erstellung eines Dialoges mittels *kollektiven Schreibens*. Bei dieser Methode der Textproduktion kollaborierten die Lerner miteinander, um gemeinschaftliche Texte zu entwickeln, die Ideen von mehreren Autoren enthalten. Dabei muss zum einen ein Text verfasst, dieser zum anderen aber auch immer wieder gelesen werden, da man durch Ortswechsel jedes Mal einen neuen Text vor sich hat und zu diesem etwas Passendes hinzufügen soll. Der Lehrer leitet bei dieser Methode den Ablauf und sorgt für ein strukturiertes Vorgehen. Ich entschied mich, außerdem noch Musik zur Hilfe zu nehmen, weil sie das Ganze für die Schüler auflockert und für den Lehrer erleichtert, da der Stimmeinsatz drastisch reduziert wird. Des Weiteren kann durch ein beschwingtes Musikstück die Motivation gesteigert werden, da sich die Stimmung von Musik auf den Menschen überträgt. Was auch unter dem Terminus *collective storytelling* bekannt ist, wurde hier von mir jedoch auf die Verfassung eines Dialoges zum Thema *At the Doctor's* übertragen. Dadurch wurde zum einen dafür gesorgt, dass gewisse sprachliche Strukturen beachtet werden müssen, zum anderen aber auch Hilfestellung gegeben, da die Schüler ungefähr wussten, was sie beim nächsten Dialog erwartete. Den Lernern wurde mitgeteilt, dass sie gemeinsam einen Dialog anfertigen werden, jeder Schüler aber am Ende ein anderes Gespräch in seinem Hefter haben wird. Sie sollten dafür zuerst an ihrem eigenen Platz einen Eröffnungssatz seitens des Arztes aufschreiben und nach dessen Beendigung aufstehen. Als alle Schüler standen, spielte ich Musik ein und die Schüler sollten sich, sobald die Musik verstummte, einen neuen Platz suchen, an dem sie den Eingangssatz des Dialoges lasen und eine Antwort des Patienten hinzufügten. Dies glich fast der Reise nach Jerusalem, nur dass immer jeder Schüler einen Platz fand und niemand übrig blieb, auch wenn die letzten zwei-drei Schüler teilweise suchen mussten, wo noch freie Plätze sind. Bereits nach dem zweiten Durchlauf musste ich nicht mehr darauf hinweisen, dass sich die Schüler, sobald sie mit ihrem Beitrag fertig waren, hinstellen sollten. Dies geschah ganz automatisch und sobald alle standen, spielte ich wieder die Musik und die Schüler setzten sich in Bewegung. Ziel der Übung war es nicht, einen abgeschlossenen Dialog anzufertigen, da ja die genaue Anzahl von Gesprächswechseln von Dialog zu Dialog unterschiedlich sein konnte. Vielmehr war es meine Absicht, den Schülern eine Basis zu bereiten, die für die nachfolgende Partnerarbeit als Hilfestellung gedacht war. Da bei dieser Methode ein Dialog durch unterschiedliche Schüler verfasst wird, ergibt sich der Vorteil, dass schwächere Schüler durch gute Ideen und sprachliche Formulierung ihrer Mitschüler profitieren und lernen können.

Diese Dialogfindung bildet die Basis für die anschließende Partnerarbeit, in der die Lernenden die szenische Darstellung eines Arztbesuches vorbereiten sollten. Jeder Schüler hatte nun eine mögliche Dialogsequenz in seinem Heft und in Partnerarbeit galt es nun, aus diesen Möglichkeiten einen konzisen Dialog zu schreiben, der in der nächsten Stunde vorgeführt werden sollte. Dies wurde jedoch nicht allein im Unterricht bewerkstelligt, sondern verblieb zu großem Teil als Hausaufgabe.

Reflektierend betrachtet, war ich mit der Planung und Durchführung dieser Doppelstunde zufrieden. Die Methoden schienen überwiegend angenommen, wenn auch die erste bewegte Phase des Laufgespräches meiner Meinung nach ein wenig zu kurz war, um ausreichend Bewegung durchführen zu können. Die Schüler hatten ihre Sätze aus der Hausaufgabe schneller als angenommen präsentiert, so dass sie bereits nach einem Gang fertig waren, weshalb ihnen der Nutzen des Umhergehens wohl nicht ganz klar war, wenngleich sie sich sehr über die Erlaubnis dazu freuten. In weiteren von mir durchgeführten Anwendungen dieser Methode jedoch, in denen die Schüler zum Beispiel einen Text beim Laufen vor sich hin murmelnd lesen oder sich mit dem Partner intensiver unterhalten mussten, nahmen die Schüler den positiven Aufmunterungs-Effekt dieser Übungsform sehr wohl selbst wahr.

Während der Roboter-Übung hingegen stieg der Geräuschpegel um einiges an, wobei es sich jedoch um positiven Arbeitslärm handelte, der den Spaß, den die Schüler hatten, ausdrückte. Während dieser Phase wäre es wohl schwer gewesen, sich bei den Schülern Verhör zu verschaffen, weshalb die Planung unbedingt so sein sollte, dass dies nicht nötig ist. Dies hatte ich jedoch antizipiert und gab alle relevanten Information vorab. Das Ende der Phase konnte ich glücklicherweise ohne Probleme durch meine Stimme signalisieren, was aber in weniger diszipliniertren Klassen schwierig werden könnte, weshalb eventuell Ruherituale sinnvoll sein dürften.

Bei der Entspannungsphase war klar ersichtlich, wie sehr die Schüler diese Pause nach kognitiver Anstrengung genossen und mit einer Hingabe ihre Wortkörper gestalteten. Die Gefahr bestand jedoch darin, dass die Jungen und Mädchen – im Gegensatz zu der zeitlich fixen Entspannungsphase in der Einführungsstunde – diese Phase künstlich in die Länge ziehen wollten, indem sie die Übung überdurchschnittlich genau und detailliert durchführten. Natürlich könnte man auch viel Zeit damit verbringen, einen Wortkörper zu zeichnen, doch galt es hier nicht, Vollkommenheit anzustreben, sondern einen Ausgleich zum geistigen Tun zu schaffen, um neue Energie zu tanken und der Ermüdung entgegenzuwirken. Aus diesem Grund, musste ich als Lehrerin auf exemplarische Ausgestaltung der Figuren und die Beendigung der Sequenz drängen, was ich mit einer ganz klaren Zeitansage im Voraus wohl hätte vermeiden können. Dies müsste beim nächsten Mal unbedingt beachtet werden.

Einen weiteren Denkanstoß löste die Präsentation ausgewählter Dialogbeginne des kollektiven Schreibens aus. Wenngleich viele Ergebnisse gut, teilweise sogar witzig, waren, gab es doch auch vereinzelt unverständliche Ergebnisse, die in der Auswertung der Methoden mit Zeitproblemen begründet wurden. Durch das Aufstehen der Schüler nach Beendigung des schriftlichen Dialogbeitrages entstand für mich als Lehrkraft jedoch der Eindruck, alle Schüler kämen gut mit der Arbeitszeit zurecht, da diese lediglich von ihnen selbst bestimmt und gar nicht von mir als Lehrerin beeinflusst wurde. Reflektierend wurde jedoch deutlich, dass sich einige Schüler zeitlich unter Druck gesetzt fühlten, was wohl dadurch bedingt war, dass sie durch das Aufstehen der Mitschüler das Gefühl hatten, sich beeilen zu müssen. Dies führte bei einzelnen Dialogen zu Unverständnis, da entweder der bereits geschriebene Text nicht richtig gelesen wurde oder der hinzugefügte Text nicht durchdacht werden konnte und somit kaum Bezug auf das schon Geschriebene nahm. Im Ganzen betrachtet, stellen solche Dialoge zwar die Minderheit dar, doch zeigen sie, dass es umso wichtiger ist, sich eine geeignete Nachbereitung bzw. Verwendung der Ergebnisse von kollektivem Schreiben zu überlegen. Durch die anschließende Aufgabenstellung sich in Partnerarbeit aus je zwei Beispieldialogen einen richtigen und konzisen zusammenzustellen, stellten die unzusammenhängenden Entwürfe zum Glück jedoch kein Hindernis dar. Für zukünftige Einsätze dieser Methode sollte man sich allerdings überlegen, wie man der unterschiedlichen Lese- und Schreibkompetenz besser Rechnung tragen kann und sich eine differenzierendere Variante ausdenken, so zum Beispiel kollektives Schreiben in kleineren Gruppen anstatt im Klassenverband (HOPPSTÄDTER, 9).

2.4 Unterrichtliche Voraussetzungen in Klasse 10

Die zweite Versuchsgruppe während meiner empirischen Untersuchung war die Klasse 10/3, in der ich bereits seit einigen Monaten unterrichtet hatte. Die Klassenstärke ist mit 20 Schülern recht gering, was dazu beiträgt, die in den meisten Schülern schon immanent vorhandene Ruhe noch zu verstärken. Dies kann bei schriftlichen Arbeiten durchaus auch angenehm sein, stellt sich bei gewissen Aufgabenstellungen aber auch als schwierig heraus. Die Geschlechterverteilung ist nahezu gleich und das Klassenklima ist angenehm, obwohl das Leistungsniveau sehr heterogen ist. Es gibt sowohl versetzungsgefährdete Jungen im Fach Englisch aber auch zwei Schüler, die nach der 9. Klasse ein Austauschjahr in den USA verbracht haben und demzufolge ein überdurchschnittlich gutes Ausdrucksvermögen und große Sicherheit im freien Sprechen haben. Die meisten anderen Schüler sind jedoch schwer zum Sprechen in der Fremdsprache zu motivieren und verfallen leicht in die Muttersprache.

Unterrichtet wird mit dem alten Lehrwerk English G 2000, A6 vom Cornelsen Verlag.

2.5 Darstellung ausgewählter Unterrichtsstunden in Klasse 10

Ebenso wie in der Klassenstufe 6, habe ich mir auch in der 10. Klasse zwei Doppelstunden ausgewählt, die ich nun im Nachfolgenden darstellen, begründen und reflektieren möchte. Diese beiden, thematisch aufeinander aufbauenden Doppelstunden liegen am Anfang einer neuen Stoffeinheit, welche ich lediglich eingeführt, nicht aber vollständig unterrichtet habe.

Datum	UE	Stoffeinheit	Thema der Stunde
4.5.2011	1+2		Righting the wrongs - introduction
6.5.2011	3+4		The death penalty in the US
11.5.2011	5+6	Righting the Wrongs	Human rights – freedom & independence
18.5.2011	7+8		A way to independence - USA
20.5.2011	9+10		A way to independence - India
25.5.2011	11+12		…

Auch hier möchte ich die beiden Unterrichtsblöcke jeweils als Ganzes darstellen, wobei ich wieder vertieft auf die von mir angewandten schüleraktivierenden Sequenzen eingehen und die Unterrichtsphasen dazwischen nur in Hinblick auf die allgemeine Verständlichkeit anschneiden werde. Diese ausführlich dargestellten Unterrichtssequenzen sind – wie schon bei der Klasse 6/1 – in der Stundenverlaufsplanung im Anhang blau hervorgehoben.

Zum Einsatz kamen in diesen beiden Doppelstunden die schüleraktivierenden Lernformen Sprechmühle, Vier-Ecken-Methode, Kugellager, Gruppen- und Lesepuzzle.

2.5.1 *Beschreibung und Reflexion der Doppelstunde: Righting the Wrongs*

Dieser Unterrichtsblock stellt die Einführung der neuen Lehrwerks-Unit *Righting the Wrongs* dar, in der auf verschiedene moralisch falsche bzw. fragwürdige Themen eingegangen wird. Zu Beginn der Stunde sollten die Schüler erst einmal die Bedeutung der Überschrift, welche ich an die Tafel geschrieben hatte, analysieren, da die verwendeten Wörter im Wortstamm zwar schon bekannt, in der benutzten Wortart aber sicher schwer zu verstehen waren. Nachdem das Verständnis geklärt wurde, sollten die Schüler ein Cluster an der Tafel entwickeln, das mögliche *Wrongs* aus verschiedenen Perspektiven festhält. Ihnen fielen nicht sofort mögliche moralische Fauxpas ein, sie schienen regelrecht Schwierigkeiten zu haben aus ihrer doch vergleichsweise heilen Welt hinauszuschauen . Dies hatte ich jedoch auch antizipiert, weshalb ich die Startschwierigkeiten als Überleitung zur nächsten einführenden Übung nutzte.

Mit Hilfe von teils provokantem bzw. anstößigem und zum Nachdenken anregendem Bildmaterial sollten sich die Schüler der Diversität von Vergehen bewusst werden. Dazu nutzte ich die Methode der *Sprechmühle*, die eine fantastische Möglichkeit bietet, sich mit unterschiedlichen Partnern im Zwiegespräch zu äußern. Wie der Name schon sagt, steht dabei die Fertigkeit des Sprechens im Mittelpunkt, welche mit inhaltlichen Aspekten wie zum Beispiel Wortschatzarbeit, Faktenwissen, Interviews oder – wie in diesem Fall – Bildbeschreibung gefüllt werden kann. Neben der im Vergleich zu traditionellem Frontalunterricht längeren Dauer der Sprechanlässe, bietet die Methode zusätzlich den Vorteil, dass sich die Schüler mit immer neuen Partnern unterhalten müssen, da sie nach Erfüllung jeder Einzelaufgabe erneut durch den Raum wandern und sich einen neuen Mitschüler zur Zusammenarbeit auswählen. Das steigert zum einen die tatsächliche Redemenge, da sich die Lerner nicht auf das zuvor bereits Gesagte berufen können, sondern es ihrem neuen Partner erneut mitteilen müssen, zum anderen trainiert es aber auch die Sozialkompetenz, denn man kann nicht immer nur mit der Freundin oder dem Banknachbar kooperieren, sondern muss sich mit demjenigen unterhalten, der eben gerade frei ist. Dadurch entsteht eine Vielzahl von kognitiv und sozial heterogenen Partnern, die sich im Umgang miteinander üben müssen, durch die Intimität der Zweiergruppe jedoch Halt dabei finden. In der Umsetzung wird die Methode oft mit Musik durchgeführt, wobei dann der Lehrer – ähnlich wie von mir beim kollektiven Schreiben vollzogen – mit Musik die Bewegungs- und Sprechphasen steuert. Da ich mich als Lehrerin allerdings in der 10. Klasse mehr zurücknehmen wollte und den Schülern ein alleiniges Takten der verschiedenen Phasen zutraute, führte ich die Sprechmühle ohne Musik durch. Die Schüler bekamen jeweils ein Bild, welches sie ihren Mitschülern nicht zeigen durften. Dieses galt es dann ihrem Partner zu beschreiben und dann herauszufinden, ob der Partner das gleiche Bild hatte oder nicht, da es insgesamt 9 verschiedene Motive in jeweils zweifacher Ausführung gab[3]. Nachdem jeder Partner sein Bild beschrieben hatte (ohne dabei bereits auf die provokanten Statements einzugehen), wurden die Bilder getauscht, so dass die Schüler bei der zweiten Bildbeschreibung ein anderes vor sich hatten. Dadurch wurden die Lerner mit mehreren *Wrongs* konfrontiert und mussten immer neues Vokabular anwenden. Nach drei bis vier Tauschaktionen sollten die Schüler den Partner mit dem gleichen Bild finden und mit diesem die Bedeutung des Bildes unter Einbezug des provokanten Textes näher besprechen. Dabei sollte die von GREVING dargelegte Wirkung von Provokation eintreten und die Klasse dazu angeregt werden, sich durch mehr Kommunikation stärker in den Unterricht mit einzubringen als es für gewöhnlich der Fall ist (71).

    Die anschließende Präsentation der einzelnen Bilder stellte gleichzeitig eine Vervollständigung des bereits angefangenen Clusters an der Tafel dar: nach jedem Bild wurde das moralische Vergehen durch die Schüler noch einmal herauskristallisiert und im Tafelbild festgehalten. Die Lerner wurden während der Sprechmühle also nicht nur physisch aktiviert, indem sie durch das Klassenzimmer laufen mussten, sondern auch inhaltlich für das übergeordnete Thema sensibilisiert.

Nachdem die Vielzahl und Diversität der Vergehen sichtbar geworden war, leitete ich zu dem einen *Wrong* über, welches für diese und die nächste Doppelstunde näher beleuchtet werden sollte und von vielen Menschen gar nicht als unmoralisch empfunden wird: die Todesstrafe. In einer Mischung aus Lehrer-Schüler-Interaktion, kurzen frontalen Sequenzen und Einzelarbeit, wurden die Lerner mit globalen Fakten über die Todesstrafe, wie zum Beispiel der Anzahl der Länder mit Todesstrafe und deren geo-politische Lage, aber auch mit Meinungsverteilungen bezüglich dieser Kapitalstrafe vertraut gemacht. In diesem Zusammenhang führten die Schüler selbst eine anonyme Umfrage durch, die die Klassenmeinung visualisierte und mit der statistischen Befürwortung der Todesstrafe in Ländern wie den Vereinigten Staaten, Großbritannien, Frankreich oder Deutschland verglichen wurde. Anschließend sollten die Schüler nach vorheriger Vokabelentlastung einen Multiple-Choice-Test durchführen, der viele interessante Fakten der Todesstrafe in den USA aufgriff und somit das Interesse der Schüler wecken sollte. Dieser Test diente nicht zur Überprüfung von Wissen, da er ja am Anfang der Thematik durchgeführt wurde. Vielmehr sollte er Fragen aufwerfen, über die die Schüler nachdenken und Vermutungen anstellen sollten. Zu einem späteren Zeitpunkt würden sie dann ihre anfänglichen Einschätzungen mit dem dann vorhandenen Wissen vergleichen. Durch diese Umsetzung intentionierte ich, Neugier bei den Schülern aufzubauen, da sicher die ein oder andere Frage gern sofort beantwortet worden wäre und die Schüler schienen in der Tat darauf zu brennen, die Lösungen zu erfahren, was sich in verstärkter mündlicher Mitarbeit äußerte, die für diese Klasse keineswegs normal war.

Der erkennbare Wissensdurst sollte in der nächstfolgenden kooperativen und bewegten Lernform, nämlich der *Vier-Ecken-Methode* zumindest partiell gestillt werden. Den Namen verdankt die Methode der Tatsache, dass in den Ecken des Klassenzimmers verschiedene Dinge aufgestellt bzw. angebracht werden, zu denen die Schüler laufen müssen, um sich einen Überblick über diese zu verschaffen und sich anschließend in einer gewählten Ecke zu positionieren. Dabei kann die Anzahl der genutzten Ecken ebenso variieren wie die Materialien, die jeweils betrachtet werden müssen. In meinem Beispiel handelte es sich um fünf kurze Texte, die jeweils auf ein A4 Blatt gedruckt und somit nicht von weitem lesbar waren. Dies ist nötig um die Schüler zu zwingen, sich auch wirklich zu bewegen, da sie ansonsten dazu neigen, sich bereits vom Platz aus einen Überblick zu verschaffen. Die Bewegung ist also notwendig, um Inhalte zu erfassen und läuft – ohne als solches eigenständig ausgeführt zu werden – nebenbei und zweckgemäß ab. Da die Lernenden zuvor bereits 25 Minuten mental beansprucht worden waren, sollte die mit dem Lerninhalt verbundene physische Aktivität der Ermüdung entgegenwirken, das Gehirn mit neuem Sauerstoff versorgen und eine Art Pause nach allzu langem Sitzen darstellen. Als Material wären neben kurzen Texten ebenso gut Fotografien, Grafiken oder provokante Statements geeignet.

Ziel dieser kooperativen Form bewegten Lernens ist die „fremdsprachliche Diskursfähigkeit als Kommunikations- und Reflexionsfähigkeit" ist (BONNET, 4). Die erhöhten Redeanteile gehen hier also zusätzlich mit dem Kompetenzerwerb der Selbstreflexion einher, müssen die Schüler doch Stellung beziehen und begründen, wieso sie sich gerade die jeweilige Ecke ausgesucht haben. Da ich mit Hilfe dieser Lernform, die Schüler mit den in den USA legalen Hinrichtungsarten vertraut machen wollte und es davon fünf verschiedene gibt, kreierte ich eine fünfte „Ecke" in der Mitte des Raumes. Die Jungen und Mädchen sollten sich nun die Beschreibung der Hinrichtungsformen und deren Gefahren durchlesen und sich danach bei der Art positionieren, die sie unter den fünf Hinrichtungsformen wählen würden, wenn sie zum Tode verurteilt wären. Dies mag zuerst makaber erscheinen und verdutzte die Schüler ein wenig, doch erklärte ich, dass dies gar nicht so abwegig ist, wie es scheint, da es tatsächlich in manchen US-Bundesstaaten der Fall ist, dass der Todeskandidat die Art seiner Hinrichtung selbst wählen kann. Nachdem sich jeder Schüler bei einer Beschreibung positioniert hatte, mussten sie ihren Mitschülern erklären, warum sie sich gerade für diese Tötungsvariante entschieden hatten. Anschließend wurden die Bezeichnungen der Hinrichtungsmethoden, die mittlerweile an der Tafel standen, durch die Schüler selbst den Texten mit ihrer Beschreibung zugeordnet und somit dieses Vokabular durch eigene Mitbeteiligung erarbeitet, was zu einer stärkeren Verknüpfung mit dem Vorwissen führen sollte (BONNET, 5). Anschließend stellten die Schüler kurz Vermutungen an, welche dieser Hinrichtungsarten in den USA noch heute legal sind, wobei keiner dachte, dass es tatsächlich noch alle fünf beschriebenen Methoden offiziell gibt. Diese Information verblüffte sie und sorgte dadurch für ein Aufrechterhalten der zu diesem Zeitpunkt schon recht hohen Motivation.

Die abschließende Unterrichtssequenz dieser Doppelstunde bildete eine sich auf das Think-Pair-Share-Prinzip berufende Partnerarbeit, in der die Lerner erst kurz allein über mögliche Argumente für und gegen die Todesstrafe nachdenken sollten und diese anschließend mit dem Partner besprachen, um so neue Blickwinkel einzunehmen und die Thematik von verschiedenen Seiten zu beleuchten. Anschließend verglichen sie ihre Argumente mit denen eines anderen Paares, um so evtl. fehlende Sichtweisen zu ergänzen. Diese in den wachsenden Gruppen erarbeiteten Argumente wurden schriftlich im Hefter festgehalten und mündlich vorgestellt (A18). Sie sollten in der nächstfolgenden Doppelstunde weiter verwendet werden.

Reflektierend betrachtet, war ich sehr überrascht, wie groß der Einfluss von Interesse durch Verblüffung bzw. Provokation auf die Motivation tatsächlich sein kann. Natürlich baute ich auf diesen Effekt und erhoffte mir, durch das gewählte Bildmaterial für die Sprechmühle die Schüler einerseits zwar ganzheitlich – da bewegt, visuell und kommunizierend – zu aktivieren, andererseits aber eben auch durch die Bildauswahl und Statements zu motivieren. Dennoch rechnete ich nicht mit einem derartigen Anstieg der Kommunikationsbereitschaft in dieser doch etwas wortkargen Klasse, was mich natürlich sehr erfreute. Wenn auch dieser Motivationsanstieg stark inhaltlich bedingt war, unterstützte die Methode der Sprechmühle meines Erachtens die Aufrechterhaltung der Neugier und Überraschung, da durch die schrittweise Enthüllung nicht gleich alle Bilder betrachtet werden konnten und die Frage bestehen blieb, was sie wohl noch erwartete. Gerade in dieser Klasse, die zuvor doch Scheu vor fremdsprachlicher Kommunikation zeigte, schien der Halt, den das Zwiegespräch innerhalb dieser großen Gesprächsrunde bietet, als sehr positiv wahrgenommen worden zu sein. Des Weiteren war ich überrascht, dass der von mir erwartete Lärmpegel bei weitem nicht eintrat, obwohl alle Schüler mit Elan kommunizierten. Dies zeigte mir, dass Schüler einer zehnten Klasse doch schon besser im Stande sind, ihren Geräuschpegel zu reduzieren, als Schüler einer sechsten Klasse und dies somit von den Schülern erlernt werden kann, wenn man ihnen nur die Gelegenheit dazu gibt und sich nicht von anfänglichem Arbeitslärm abschrecken lässt.

Im Unterschied zur Sprechmühle bot die 4-Ecken-Methode den Schülern nicht diese Sicherheit der kleinen Gruppe, da man sich eventuell auch als einziger an der entsprechenden Position wiederfinden konnte. Bei weniger selbstbewussten Schülern könnte dies durchaus die Wahl der Positionierung mit beeinflussen, da diese dann allein ihren Standpunkt vor der Klasse begründen müssten, was sie womöglich vermeiden wollen. In dem untersuchten Unterrichtsblock war ein einzelner Schüler allerdings so mutig und verteidigte überzeugend seine Bevorzugung der Gaskammer gegenüber allen anderen Hinrichtungsarten. Dabei handelte es sich allerdings auch um einen der leistungsstärksten Schüler der Klasse, der nach der 9. Klasse ein Austauschjahr in den Vereinigten Staaten verbracht hatte. Dennoch würde ich dies nicht als negativen Aspekt der Vier-Ecken-Methode sehen, da das „Risiko" allein vor der Klasse seine Meinung begründen zu müssen auch in anderen Unterrichtsformen wie Frontalunterricht oder Lehrer-Schüler-Interaktion besteht und die Schüler sich dabei auch mit Aussagen wie: „I agree with Daniel" hinter anderen Mitschülern verstecken können, wenn sie es wollen. Die visuelle Darstellung der Meinungsverteilung sowie die Zusammenstellung neuer, unter einem bestimmten Aspekt homogener Kommunikationsgruppen, verbunden mit der Chance Bewegung ins Klassenzimmer zu bringen, sind jedoch nicht zu unterschätzende Stärken dieser Mikromethode.

2.5.2   Beschreibung und Reflexion des Blockes: The Death Penalty in the US

Diese Doppelstunde folgte der eben dargestellten Einführungsstunde und führte das Thema der Todesstrafe weiter. Da es sich um den ersten Unterrichtsblock des Tages handelte und die 10/3 so früh für gewöhnlich noch sehr träge ist, wollte ich sie sofort zu Beginn mit einer bewegten Sequenz aufmuntern. Dazu habe ich mir die Methode des *Lesepuzzles* ausgesucht, mit welcher ich den Schülern einen Teil des Lehrbuchtextes über Anthony Porter, einen zu Unrecht zum Tode verurteilten Schwarzen, zugänglich machen wollte. Während viele Formen des bewegten, ganzheitlichen Lernens auf die Fertigkeit des Sprechens abzielen, steht bei dieser Methode das Lesen im Mittelpunkt. Texterschließung bei der die Schüler in Teile geschnittene Texte in die richtige Reihenfolge bringen und so den Text als Ganzes zusammenpuzzeln müssen ist den meisten Schülern als unbewegte *reading activity* bereits bekannt. In der von mir angewandten Version wurden die Textteile jedoch nicht an die Schüler verteilt, sondern auf A4-Blätter im Klassenzimmer ausgehangen, weshalb Bewegung erforderlich wurde, um die einzelnen Textteile lesen zu können. Dabei hing jedoch jeder von insgesamt sieben Textabschnitten nur einmal aus, so dass die Schüler die Blätter nicht wie bei einem Lesepuzzle am Platz hin und her schieben konnten, sondern sie lediglich im Kopf eine mögliche Reihenfolge der inhaltlichen Handlung erstellen sollten. Dies hat einen weitaus höheren Schwierigkeitsgrad als ein herkömmliches Lesepuzzle, denn die Schüler müssen zum einen die Textabschnitte inhaltlich verstehen und sich den Inhalt merken, zum anderen aber auch logische Verbindungen zwischen den Textteilen herstellen. Da der gesamte Text sprachlich recht einfach war, fand ich ihn für diese Herausforderung jedoch geeignet. Des Weiteren passte ich die Aufgabenstellung dem Schwierigkeitsgrad an und ließ die Schüler nicht die exakte Reihenfolge der Textteile ermitteln – was womöglich zu einem längeren Hin- und Herlaufen zwischen den Aushängen geführt hätte – sondern beauftragte sie, lediglich die Geschehnisse durch einmaliges *close reading* jedes Textteils inhaltlich zu erfassen. Diese Geschehnisse wurden anschließend im Unterrichtsgespräch zusammengetragen und in eine chronologische Reihenfolge gebracht, welche teilweise allein durch Logik hergestellt werden konnte und den Schülern auch keine größeren Probleme bereitete. So ist es doch selbstverständlich, dass ein Mord einer Verhaftung vorausgeht und die Verurteilung zum Tode danach folgt.

Um den Schülern nach dieser kognitiven und physischen Anstrengung ein wenig Erholung einzuräumen, spielte ich den Originaltext mit der richtigen Reihenfolge als Audio-Datei vor. Dies diente lediglich der Verständnissicherung und enthielt keine neue Aufgabenstellung, so dass die Schüler die Möglichkeit hatten, sich für drei Minuten zu entspannen und der gut verständlichen Erzählung zu lauschen. Nachdem die Lerner den Text inhaltlich durchdrungen hatten, lenkte ich ihr Augenmerk abschließend auf eventuell darin auftauchende, überraschende Informationen bezüglich der Todesstrafe, wobei ich die lange Haftzeit von Anthony Porter, die Befragungsmethoden der Polizei oder den kurzfristigen Hinrichtungsaufschub im Blick hatte. Bis auf Letzteres wurden diese Fakten von den Schülern auch als fragwürdig empfunden und ich konnte deren Verwunderung dazu nutzen, zur folgenden Unterrichtssequenz überzuleiten, in der es darum ging, weitere interessante und teilweise überraschende Fakten bezüglich der Todesstrafe kennenzulernen.

Dafür wählte ich die Methode des *Gruppenpuzzles*, um die Schüler durch selbstständiges Tun und Handeln mit verschiedenen Unterthemen der Todesstrafe vertraut zu machen und sie durch Eigenverantwortung zu motivieren. Dabei sollten sich die Schüler in vier „Expertengruppen" mit jeweils unterschiedlichen Aspekten der Todesstrafe (*deterrence, injustice, costs, legality*) beschäftigen, um sich anschließend das erarbeitete Expertenwissen in gemischten Austauschgruppen gegenseitig darzulegen. Laut MÜHLHAUSEN wird durch das eigene Denken, Erschließen, Ableiten und Zusammenfassen, also „durch eigenes Erarbeiten in der selbständigen Forschung, im eigenen Suchen, Irren und Finden" echte Bildung und anwendbares Wissen erworben (28). Der Lehrer steht dabei lediglich als Helfer oder Berater zur Seite, wodurch die Selbstverantwortung der Schüler betont wird und die Motivation gesteigert werden soll. In den Expertengruppen fand dafür zuerst eine individuelle und anschließend eine kooperative Erarbeitungsphase statt, in der sich die Schüler zum einen in Einzelarbeit mit dem Material vertraut machten, dann ihre Ergebnisse verglichen und evtl. Fragen miteinander klärten. Die Methode des Gruppenpuzzles war den Schülern zu diesem Zeitpunkt nicht neu, so dass keine allzu ausführliche Beschreibung der einzelnen Schritte nötig war. Lediglich auf die Aneignung des Wissens durch das bereitgestellte Material wurde von mir genauer eingegangen, da drei Gruppen mit Texten und Grafiken arbeiten sollten und eine Gruppe einen Hörtext mit Verständnisfragen bekam. Bei den Texten und der Audiodatei handelte es sich jeweils um authentisches, jedoch gekürztes Material der Internetplattform *deathpenaltyinfo.org*, welches teilweise sehr anspruchsvoll war. Neues Vokabular wurde dennoch nicht vorentlastet, sondern sollte mit Hilfe einer Nachschlageecke erarbeitet werden, um eine weitere Möglichkeit der Bewegung darzustellen. Im Sinne MÜHLHAUSENS sollten die Schüler keinen simplifizierten Unterrichtsgegenstand vorfinden, sondern den Lernstoff in seiner Schwierigkeit durch eigenes Tun bezwingen (28). Im Zentrum stand somit die selbstständige kognitive Leistung der Schüler. Dem hohen Anspruch des Materials wurde jedoch durch die Aufgabenstellung Rechnung getragen. So mussten die Schüler lediglich die wichtigsten Erkenntnisse zusammenfassen und neue Argumente für oder gegen die Todesstrafe, die sich davon ableiten ließen, darstellen. Außerdem wurden zahlreiche Grafiken, Statistiken und Diagramme zu den Texten gereicht, die den Inhalt zusätzlich visualisierten und so zum Verständnis beitrugen. Bei der Gruppeneinteilung durch farblich selektierte Gummitierchen wurde außerdem meinerseits darauf geachtet, dass die vier leistungsstärksten Schüler auf die vier unterschiedlichen Expertengruppen aufgeteilt wurden und somit leistungsschwächeren Schülern hilfreich zur Seite stehen konnten. Diese handlungsorientierte und kooperative Form von schüleraktivierendem Unterricht besticht durch ihren hohen Anteil selbstständigen Tuns, einer positiven Abhängigkeit unter den Lernern, die zu erhöhter Motivation beiträgt und einem auflockernden Wechsel von Aktionspartnern, Rollenverteilung und angewandten Fertigkeiten. So müssen Schüler zum Beispiel sowohl zwischen Lerner- und Lehrerrolle hin und her wechseln als auch unterschiedliche Fertigkeiten wie Lesen, Schreiben, Hören und Sprechen trainieren.

Um für die später folgende Diskussion ausreichend gewappnet zu sein, erfolgte eine Ergebnissicherung, bei der in Lehrer-Schüler-Interaktion alle Argumente für und gegen die Todesstrafe zusammengetragen und mit denen der letzten Stunde verglichen wurden. Während die Argumente der letzten Stunde ohne Hintergrundwissen aus dem Bauch heraus gesammelt worden waren, leiteten sich die Argumente in dieser Doppelstunde von fundiertem Faktenwissen ab, weswegen auch Widersprüche zu vorher genanntem Für und Wider entstanden, welche es nun richtig zu stellen galt. Die korrigierten Argumente wurden an der Tafel in einer Tabelle festgehalten und blieben dort auch visualisiert, um Hilfestellung für die anschließende Diskussionsrunde anzubieten. Zur Erholung nach dieser langen mentalen Lernphase hatten die Schüler die Möglichkeit, sich zwei Minuten in einer entspannten Position hinzusetzen und über die eben gesammelten Argumente wortlos zu sinnieren.

Die anschließende Diskussion in Form eines *Kugellagers* beabsichtigte, das erworbene Wissen aus dem Gruppenpuzzle zu festigen, indem die Schüler die erarbeiteten Argumente für beide Parteien – d.h. Befürworter und Gegner der Todesstrafe – anwandten. Die Kugellager-Methode (auch bekannt als Karussellgespräch oder Kreisgespräch) kann für sämtliche Formen des zeitlich begrenzten mündlichen Informationsaustausches und somit zum Üben der Schlüsselqualifikationen Sprechen und Hören eingesetzt werden. In diesem Fall sollte eine kleine Diskussion zum Thema Todesstrafe stattfinden, bei der die Schüler für jeweils eine Minute die Pro- bzw. Kontraseite vertraten und mit entsprechenden Argumenten die eingenommene Position kundtun und begründen mussten. Dafür stellten sie sich in einem Doppelkreis – also einem inneren und einem äußeren – auf und bildeten Paare, wobei der Innenkreis nach außen und der Außenkreis nach innen schaute. Dies bedingte eine gerade Anzahl Schüler, bei ungerader Anzahl kann der Lehrer allerdings als Gegenüber einsteigen, was jedoch in diesem Fall nicht nötig war. Die Schüler im Innenkreis vertraten die Befürworter-Rolle und begannen mit ihrer einminütigen Argumentation, der eine weitere einminütige Argumentationsrunde der Opponenten im Außenkreis folgte. Anschließend bewegten sich sowohl der Innenkreis als auch der Außenkreis nach Instruktion des Lehrers zwei Schritte nach links, was zu einem Partnerwechsel führte, da sich die Kreise ja in entgegengesetzte Richtung drehten. Die Argumentationsrunde wurde daraufhin erneut durchgeführt, nur dass der Innenkreis jetzt die Opponenten-Rolle und der Außenkreis die Befürwortung übernahm. Auf diese Weise war jeder Schüler gezwungen, beide Seiten einzunehmen und die jeweils entsprechenden Argumente auch für die Rolle, die nicht der eigenen Haltung entsprach, anzuwenden. Dadurch sollte Mehrperspektivität durch Perspektivwechsel trainiert werden. Des Weiteren musste jeder Schüler einmal die Diskussion beginnen und einmal auf bereits geäußerte Argumente eingehen. Der Lehrer war in diesem Fall wieder Moderator, stoppte die Zeit und gab die Instruktionen zum Gesprächs- bzw. Partnerwechsel während der Durchführung.

Die Vorzüge dieser Methode liegen sowohl in den hohen Redeanteilen, da jeder Schüler während der Gesprächszeit zu Wort kommt, zum anderen aber auch im Training von freier Rede gegenüber Zufallspartnern und der damit verbunden Anpassung an einen anderen Gegenüber. Durch die aktive Teilnahme jedes Schülers in einem durch Gesprächsgeräusche geschützten Zwiegespräch kann das Selbstvertrauen bezüglich der Redefertigkeit in der Fremdsprache bei den Schülern gesteigert werden (KLIPPERT, 89). Das Kugellager kann dabei im Sitzen oder im Stehen durchgeführt werden, wobei ich die Variante im Stehen bevorzugte, da zum einen das Bewegungselement so mehr zur Geltung kommt, zum anderen aber auch Zeit und Aufwand eingespart werden kann, da nicht noch Stühle im Raum umhergeschoben werden müssen. Somit stellt das Kugellager eine Methode dar, die Bewegung und Sprechanlässe miteinander kombiniert und dabei nur wenig Zeit bedarf. Natürlich kann man die Dauer der Redeanteile jedes einzelnen Schülers sowie die Häufigkeit der Partnerwechsel erhöhen und so das Kugellager zu einer zeitintensiveren Sequenz werden lassen, jedoch müssen sich die Schüler in aller Regel erst einmal an das freie Reden zu bestimmten Themen gewöhnen und kommen bei einer Minute oft schon an ihre Grenzen.

Die letzte Sequenz dieses Blockes stellte gleichzeitig auch den Abschluss des Themas dar. Dazu wurden die im ersten Block beantworteten Multiple-Choice-Tests hervorgeholt und die Antworten in Einzelarbeit mit dem jetzigen Wissensstand verglichen und, wenn nötig, revidiert. Anschließend sollten die Schüler ihre Ergebnisse mit dem Banknachbarn vergleichen und zu guter Letzt wurden verbleibende Fragen im Lehrer-Schüler-Gespräch geklärt. Somit wurde der Kreis geschlossen und eine Ergebnissicherung gewährleistet.

Reflektierend betrachtet, schien die eröffnende Sequenz des Lesepuzzles die Schüler in gewünschtem Maße zu aktivieren und die sonst im ersten Block übliche Müdigkeit zu vertreiben, war doch die Mitarbeit weitaus höher als in anderen Doppelstunden zu dieser Uhrzeit. Die entspannende Hörverstehensphase brachte im Nachhinein betrachtet jedoch den gegenteiligen Effekt, weil sie nicht nur entspannend wirkte, sondern auch die gewonnene Aufmunterung wieder in eine gewisse Trägheit umschlagen ließ. Da es bei der Klassenstufe zehn weitaus schwieriger ist, die Schüler *zu bewegen*, erwies es sich als nicht so günstig, ihnen nach gewünschter und gelungener Aktivierung wieder eine passive Erholungsphase einzuräumen nach der ich sie erneut zur Aktivität ermuntern musste. Die zweite Entspannungsphase nach dem Gruppenpuzzle hingegen schien gut positioniert und ermöglichte es den Schülern, nach langer geistiger Arbeit durchzuatmen und ein wenig Energie zu tanken, da dies nicht unbedingt durch ausreichend Bewegung während des Gruppenpuzzles geschah. Trotz einiger schwieriger Vokabeln standen kaum Schüler auf, um diese Wörter in der vorbereiteten Wörterbuchstation nachzuschlagen, was den Schwierigkeitsgrad der Texte natürlich erhöhte und dazu führte, dass die Lerner mit weniger Sauerstoff im Gehirn arbeiten mussten. Bei nochmaliger Durchführung eines Gruppenpuzzles mit Nachschlageecke würde ich die Wörterbucharbeit aus diesem Grund obligatorisch machen und jeden Schüler mindestens zwei Wörter des zu bearbeitenden Textes nachschlagen und erklären lassen.

Bei der Methode des Kugellagers wurde deutlich, wie wichtig klare Anweisungen und eine gut überlegte Struktur sind, da die Klasse diese Methode zum ersten Mal anwendete und die Argumentation für oder gegen die Todesstrafe bereits eine Herausforderung darstellte. Aus diesem Grund darf man die Moderatorentätigkeiten seitens des Lehrers keinesfalls unterschätzen, und ich war erleichtert, dass zu dieser Unterrichtsstunde alle 20 Schüler der 10/3 anwesend waren und ich somit nicht mit in die Diskussion einsteigen musste, sondern meine volle Aufmerksamkeit der Moderation widmen konnte. Wenn ich das Kugellager das nächste Mal in einer Klasse einführe und eine ungerade Anzahl Schüler vorhanden sein sollte, würde ich eventuell zwei leistungsstarke Schüler auswählen, die jeweils für eine Gesprächsrunde aussetzen und die Zeit stoppen könnten, um wieder eine gerade Anzahl Schüler im Karussellgespräch kommunizieren zu lassen. Dies würde mir die nötige Aufmerksamkeit ermöglichen, mich um die verbleibende Moderation und Beobachtung kümmern zu können.

3.1 Ziel-Ergebnis-Vergleich und Aussagen zur Problemstellung

Ziel meiner empirischen Untersuchung war es, die Möglichkeiten schüleraktivierender, ganzheitlich-bewegter Methoden im Englischunterricht hinsichtlich der Auflockerung des Blockunterrichts zu untersuchen, diese Methoden auf Anwendbarkeit innerhalb des Faches Englisch sowohl an jüngeren Lernern der Klassenstufe sechs als auch an älteren der Klassenstufe zehn zu erproben und Schlussfolgerungen für deren Einsatz im 90-minütigen Englischunterricht zu ziehen. Dafür wurden verschiedene Ansätze der Fachliteratur in der theoretischen Auseinandersetzung dargelegt und ausgewählte Methoden in meinen durchgeführten Unterrichtsversuchen umgesetzt und praktisch erprobt. Anschließend erfolgte die Bewertung der Anwendbarkeit dieser Methoden durch Beobachtung seitens des Lehrers sowie durch Einholen der Schülermeinung mit Hilfe von Fragebögen, mündlicher Auswertung, Methodenbarometer und Blitzlicht-Feedback. Durch diese Unterrichtsversuche wurden Schlussfolgerungen für den Einsatz solcher Methoden im 90-minütigen Englischunterricht ermöglicht, wenngleich die Untersuchungen in nur zwei Klassen(-stufen) durchgeführt wurden und somit kein Anspruch auf allgemeine Gültigkeit der Erkenntnisse erhoben werden kann. Andere Klassen mit ihren individuellen Bedingungen hätten zu ganz anderen Ergebnissen führen können.

Dabei kam es mir darauf an, die Problemstellung zu beleuchten, welchen Beitrag schüleraktivierende, ganzheitlich-bewegte Lernformen hinsichtlich der Auflockerung des Blockunterrichts leisten können, um durch Abwechslung die Lernmotivation zu erhöhen. Da Auflockerung mit Abwechslung einhergeht, muss folglich innerhalb des Blockunterrichts für Wechsel von verschiedenen Komponenten gesorgt werden. Diesbezüglich bestachen die erprobten Mikromethoden sehr durch Wechsel der Sozialformen, weil die Schüler sowohl in Einzelarbeit (z.B. Laufdiktat oder Lesepuzzle), in Partnerarbeit (z.B. Standbild oder Kugellager) und in Gruppenarbeit (Gruppenpuzzle, Vier-Eckenmethode) tätig wurden. Hinzu kommt außerdem, dass bewegte Lernformen auch Partnerwechsel innerhalb einer Methode begünstigen, da durch physische Aktivität immer wieder unterschiedliche Mitschüler angesteuert werden können und dann mit diesen kommuniziert wird, so zum Beispiel beim Kugellager, Gruppenpuzzle oder bei der Sprechmühle. Doch nicht nur die unterschiedlichen Sozialformen tragen zu abwechslungsreichem Unterricht bei. Auch die physische Bewegung, die durch solch ganzheitliche, schüleraktivierende Methoden erreicht wird, hat ein immenses Potential hinsichtlich der Unterrichtsauflockerung, da ein Wechsel zwischen sitzen, laufen und stehen stattfindet und so die Sitzmonotonie durchbrochen wird, was wiederum das Gehirn durch erhöhte Sauerstoffzufuhr ankurbelt. Weiterhin lassen sich unterschiedliche Medien in viele der erprobten Lernformen integrieren: beispielsweise Bilder oder Vokabellisten in der Sprechmühle; Texte, Cartoons oder Statements bei der Vier-Ecken-Methode; Fotografien bei einem Entspannungsvideo oder Grafiken und Statistiken im Arbeitsmaterial des Gruppenpuzzles.

Dies ermöglicht, dass ebenfalls unterschiedlich Lerninhalte und alle vier Kernkompetenzen des Fremdsprachenunterrichts mit diesen schüleraktivierenden Methoden verknüpft werden, so dass auch ein Wechsel der Fertigkeiten wie Sprechen, Lesen, Hören oder Schreiben Berücksichtigung findet.

Dies leitet bereits zur zweiten Problemstellung meiner Untersuchung über, nämlich der Frage, in welchem Rahmen man physische Aktivierung sowie Entspannungs- und Erholungsphasen sinnvoll mit Lerninhalten verknüpfen kann, um der Ermüdung und geistigen Erschöpfung der Schüler entgegenzuwirken. Es ging mir also nicht um die Integration eigenständiger Bewegungseinheiten losgelöst vom Unterrichtsstoff, wie es durchaus im Konzept bewegten Lernens möglich wäre, sondern um die Verbindung von stofflichen Inhalten mit physischer Aktivität bzw. Entspannung, also auch um Lehrbuch- und Lehrplanprogression innerhalb der erprobten Methoden. Wie von GRIESER-KINDEL, HENSELER und MÖLLER behauptet, stellte auch ich fest, dass schüleraktivierende Methoden „mit unterschiedlichen Lernzielen, Themen, Textsorten und Lehrwerken flexibel und vielseitig einsetzbar" sind, und man dabei nahezu alle Inhalte mit Methoden verknüpfen kann, die mehr Bewegung im Fremdsprachenunterricht zulassen, wenngleich sie dazu entsprechend aufbereitet werden müssen. Geht es um die Erarbeitung von Faktenwissen, Hintergrundinformationen oder geschichtlichen Ereignissen bieten sich zum Beispiel das Gruppenpuzzle oder Stationsarbeit an. Lese- und Schreibkompetenz kann in Laufdiktaten und kollektiven Schreibübungen trainiert werden, wobei der Inhalt der zu lesenden oder schreibenden Texte jeweils frei variabel ist. Texterschließung ist auch mit Lesepuzzle oder der Vier-Ecken-Methode durchführbar, wobei letztere sogar eine Verbindung von Lesen und Sprechen ermöglicht, indem die Schüler über gelesene Texte, Aussagen oder provokante Statements diskutieren bzw. ihre Positionierung begründen. Besonders geeignet halte ich bewegte, schüleraktivierende Lernformen jedoch für mündliche Kommunikationsübungen, da sie einen vielseitigen Einsatz ermöglichen und die Sprechanlässe authentischer werden lassen, was das ganzheitliche, gehirngerechte Lernen begünstigt. So können im Kugellager Diskussionen stattfinden, Reden präsentiert werden, Meinungen erfragt oder Informationen ausgetauscht werden. Die Sprechmühle erlaubt gegenseitige Bildbeschreibungen, Informationsaustausch, das Üben grammatikalischer Strukturen wie Frage- und Antwortsätze und das Abfragen von Vokabular oder Faktenwissen, was in nahezu jeder Englischstunde Anwendung finden könnte. Das szenische Spiel wiederum simuliert authentische Sprechanlässe aus der realen Welt, mit der die Lerner konfrontiert werden könnten, und erhöht somit durch Realitätsbezug und Bewusstmachung der Anwendbarkeit sowohl den Erwerb intelligenten Wissens als auch die Schülermotivation. Szenisches Spiel lässt sich besonders gut bei Dialogpräsentationen alltäglicher Gesprächssituationen einsetzen oder bei der Arbeit mit fremdsprachlicher Literatur, die im szenischen Spiel vertieft werden kann. Eine solche vertiefte Auseinandersetzung mit literarischen Formen wie Märchen, Legenden, Romanen oder Dramen bietet auch das Standbild, wenngleich bei dessen Präsentation nicht gesprochen wird. Dennoch bietet es der Klasse Anlass zum mündlichen Gedankenaustausch und gewährt tiefere Einblicke in die Gedanken- und Gefühlswelt fiktionaler Werke und ihrer Protagonisten.

Die direkte Verbindung von Bewegung mit englischen Lerninhalten erweist sich als nicht ganz so universell einsetzbar wie die Verwendung von Methoden, die Bewegung ermöglichen oder fordern, da das Thema natürlich mit physischer Aktivität in Zusammenhang stehen muss. In den unteren Klassenstufen gibt es jedoch einige Themenbereiche, wie zum Beispiel Morgenrituale, Körperteile, Weginstruktionen oder Sportarten, die durchaus im Unterricht mit Bewegung dargestellt, pantomimisch präsentiert oder mündlich instruiert werden können.

Nicht ganz so universell mit fremdsprachlichen Lerninhalten verknüpfbar sind meiner Meinung nach Entspannungs- und Erholungsphasen, ist doch deren Anpassung an den Unterrichtsstoff nicht immer und in jeder Unterrichtsstunde möglich, denn nicht jede Stoffeinheit bietet zum Beispiel die Möglichkeit, ein Video mit geeigneten Fotoaufnahmen zu zeigen oder eine Fantasiereise durchzuführen. Auch zeichnerische Kreativitätsaufgaben sind eher themenbezogen und können nicht in jede Englischstunde integriert werden, wenn man den Anspruch erhebt, dass diese gleichzeitig zur Vertiefung von aktuellem Vokabular angewendet werden sollen. Wenn allerdings neuer Wortschatz eingeführt oder gefestigt wird, der bildhaft und gegenständlich ist, so sind Bilddiktate oder Wortbilder eine sehr schöne, wenn auch zeitintensive Variante der Vokabelarbeit in unteren Klassen. Das positive Feedback bezüglich der Entspannungsmomente innerhalb eines Blockes zeigt jedoch, dass man solche Phasen nicht unterschätzen darf und Schüler auch darüber dankbar sind, den eben durchgenommenen Stoff einfach ein zwei Minuten schweigend auf sich wirken lassen zu dürfen, um ihn zu verinnerlichen und neue Energie zu tanken. Eine solche Phase geistigen Auftankens dürfte eigentlich in nahezu jedem Unterrichtsblock möglich sein – sowohl in unteren als auch in oberen Klassenstufen.

Dies führt zum letzten Punkt meiner in 1.3 aufgeführten Problemstellungen und der Frage, welche unterschiedlichen Arten schüleraktivierender, ganzheitlich-bewegter Lernformen sich jeweils für jüngere und ältere Lerner eignen. In der Versuchsdurchführung habe ich dabei jedoch nicht ein und dieselbe Methode an den beiden unterschiedlichen Lerngruppen erprobt, sondern bereits vorab eine gewisse Auswahl an Lernformen getroffen, die ich für das jeweilige Alter und die entsprechenden Lerninhalte für angemessen hielt, so dass jeweils unterschiedliche Methoden in den Klassen sechs und zehn zum Einsatz kamen. Meine Erkenntnisse, inwieweit diese Methoden auf andere Altersgruppen übertragbar sind, leite ich von meinen Beobachtungen während des Unterrichtsversuches, der mündlichen Befragung der Schüler und meinen Erfahrungen in anderen Klassenstufen ab. Zusammenfassend kann ich die von mir erprobten Methoden in drei Gruppen gliedern: Methoden für jüngere Lerner, Methoden für ältere Lerner, Methoden für alle Alters- und Leistungsstufen.

Die Methoden, die ich lediglich für jüngere Schüler der Klassenstufe fünf bis maximal sieben einsetzen würde, sind die Lernformen, bei denen die physische Aktivität oder Entspannung inhaltlich direkt mit dem Lernstoff verbunden wird, wie zum Beispiel bei dem Roboter-Spiel oder bei der Zeichnung von Wortkörpern, beides Formen der Vokabelfestigung. Meines Erachtens würden solche Methoden, bei denen die Bewegung bewusst durchgeführt wird, von älteren Schülern schnell als albern empfunden werden. Ganz besonders schwierig stelle ich mir dies in den pubertierenden Klassenstufen acht und neun vor, weshalb ich dort davon Abstand nehmen würde. Ab Klasse 10 könnte man – wenn man das Gefühl hat, die Klasse mag so etwas – kleine Pantomime-Spiele eventuell wieder vereinzelt, zum Beispiel vor den Schulferien, als „Bonbon" einsetzen, in den regulären Unterrichtsalltag würde ich sie aber nicht integrieren. Auch das Laufdiktat hat eine eher begrenzte Anwendbarkeit, da es hauptsächlich zum Trainieren der Rechtschreibung durchgeführt wird, was vorrangig in den Klassen fünf und sechs als eigenständiges Übungsgebiet thematisiert wird.

Umgekehrt verhält es sich mit komplexeren Methoden wie dem Gruppenpuzzle. Eine solche Komplexität der Lernumgebung muss nach und nach erworben und deshalb langsam gesteigert werden (BONNET, 6). Sowohl die fremdsprachliche Kompetenz als auch die Methodenkompetenz sind bei Lernern der fünften und sechsten Klasse noch nicht ausgeprägt genug, um in Einsprachigkeit Sachverhalte selbst zu erarbeiten, in Gruppenarbeit mündlich frei zu erörtern und anderen Mitschülern zu erklären. Die geringe fremdsprachliche Kompetenz im freien Sprechen lässt auch das Kugellager eher ungeeignet für untere Klassenstufen erscheinen, da in den Klassen fünf und sechs noch viel *language support* nötig ist und die Schüler erst lernen müssen über einen längeren Zeitraum frei in der Fremdsprache zu kommunizieren. Selbst die Schüler der zehnten Klasse hatten teilweise noch Probleme, sich eine ganze Minute lang mündlich zu einem gewissen Thema zu äußern. Auch wenn eine Minute kurz klingen mag, für die Schüler ist es doch eine Herausforderung diese mündlich auszuschöpfen, mit noch kürzeren Zeitintervallen jedoch macht das Kugellager meiner Meinung nach wenig Sinn.

Sehr gut auf die entsprechenden Lernvoraussetzungen und Leistungsniveaus der Schüler anpassbar hingegen ist die Sprechmühle, eine Variante des ganzheitlich-bewegten Lernens, bei der die mündliche Sprachproduktion und somit auch das Hörverstehen im Vordergrund steht. Während man in unteren Klassenstufen grammatikalische Strukturen mit Hilfe dieser Methode trainieren kann, kann man in höheren Klassenstufen ausführlichere und komplexere Gesprächssituationen mit längeren monologischen Gesprächsphasen üben. Durch die ideale Abfragemöglichkeit von Vokabeln oder Faktenwissen, ermöglicht diese Methode den Einsatz in jeder Klassenstufe, da dies grundlegende Elemente eines jeden Fremdsprachenunterrichts sind. Auch Lesepuzzle, Laufgespräch, Standbild, Szenisches Spiel, Vier-Ecken-Methode und kollektives Schreiben sind in ihrem Schwierigkeitsgrad variabel und somit mit jüngeren und älteren Schülern durchführbar. Auch entspannende Videosequenzen, bei denen fotografische

Impressionen eines englischsprachigen Landes dargeboten werden oder wortloses Sinnieren über zuvor durchgenommene Unterrichtsinhalte dürften Lernende jeden Alters bereichern.

3.2 Auswertung der Ergebnisse aus Sicht der Schüler

In den beiden von mir untersuchten Klassenstufen, war die Ausgangssituation in vielen Punkten ähnlich, so nannten sie nahezu die gleichen Vorteile des Blockunterrichts und bevorzugten beide diese Unterrichtstaktung gegenüber der Einzelstunde. Was jedoch die Nachteile des Blockunterrichts anging, wurden durch die von mir durchgeführte Befragung einige Unterschiede zwischen der sechsten und der zehnten Klasse ersichtlich. Zusammen betrachten waren die Hauptkritikpunkte, dass ein Unterrichtsblock langweiliger sei als zwei Einzelstunden und die Zeit dort langsamer vergeht (71%), dass man sich in der zweiten Hälfte des Blockes schlechter konzentrieren könne (58%) und dass es schwer fällt, über einen so langen Zeitraum still zu sitzen (51%). Dabei wurden jedoch die ersten beiden vorrangig von den Schülern der zehnten Klasse und der letzte von den Schülern der sechsten Klasse genannt. Dies verdeutlichte zum einen, dass jüngere Lerner weitaus mehr Probleme haben still zu sitzen und mit fortgeschrittenem Alter der Bewegungsmangel nicht mehr als so störend wahrgenommen wird, zum anderen aber auch dass besonders die älteren Lerner durch Methodenmonotonie demotiviert und gelangweilt sind, was sich auch in Konzentrationsschwäche bei ihnen äußert. Obwohl beide Klassen angaben, dass sich die Unterrichtsmethoden seit der Umstellung auf Blockunterricht kaum verändert haben und sie die von mir erfragten Methoden wie Gruppenarbeit, bewegtes oder selbstorganisiertes Lernen „so oft wie vorher, nämlich ab und zu aber eher selten" anwenden, schienen gerade ältere Lerner dies als negativ in Bezug auf Motivation und Konzentration zu empfinden, was womöglich darin begründet liegt, dass der Unterricht in der sechsten Klasse von jeher noch kleinschrittiger und somit vielleicht auch abwechslungsreicher als in der zehnten Klasse ist. Aus diesem Grund setzte ich den Fokus in der sechsten Klasse auf spielerische Bewegung und in der zehnten Klasse eher auf selbständiges, aktives Tun und Methoden, die Bewegung zulassen, um die Konzentrationsleistung zu fördern.

In der abschließenden Befragung der Probanden wurde ersichtlich, dass beide Klassestufen die durchgeführten Methoden positiv beurteilten. In der sechsten Klasse erreichten die unterschiedlichen Lernformen jeweils Durchschnittsnoten von 1,1 (Wales-Video) bis 2,2 (Laufdiktat), welche hauptsächlich damit begründet worden, dass sie Spaß und Freude machten sowie ersehnte Bewegung zulassen. Die zehnte Klasse wurde von mir beauftragt, die Methodik in den beiden Unterrichtsblöcken als Ganzes zu bewerten und nicht für jede einzelne Lernform eine Bewertung abzugeben. Diese Einschätzung in Form eines Methodenbarometers sollte dann durch ein Blitzlicht-Feedback schriftlich begründet werden, indem die 20 Mädchen und Jungen der 10/3 kurz aufschrieben, was ihnen an den letzten beiden Unterrichtsblöcken methodisch gut bzw. nicht gut gefallen hat. Jeder wurde dafür angehalten, mindestens einen positiven und einen negativen Aspekt zu nennen. In Noten umgewandelt ergab sich durch das Methodenbarometer eine Gesamtnote von 1,95 für alle erprobten Methoden, was zeigt, dass die Schüler diese gut angenommen haben. Dieser Eindruck wurde auch dadurch bestärkt, dass trotz meiner Aufforderung, je einen positiven und einen negativen Aspekt zu nennen, jeder Schüler im Schnitt zwei positive, aber nur jeder zweite Schüler einen negativen Kritikpunkt äußerte. Die fünf meist genannten Wertschätzungen waren dabei die entstandene Abwechslung, der Spaß, besseres Verstehen des Stoffes, die interessante Gestaltung des Unterrichts sowie der Fakt, dass mehr Partner- und Gruppenarbeit stattfand, während die Kritikpunkte eher das hohe sprachliche Anforderungsniveau der Gruppenpuzzle-Texte sowie die Anstrengung durch Bewegung und selbstständiges Tun betrafen.

Der letzte Punkt war für mich dabei der interessantere, zeigt er doch, dass die in der Fachliteratur zumeist gepriesenen Formen des selbstständigen Lernens nicht von jedem Schüler geschätzt werden. Wie von MÜHLHAUSEN kritisch angemerkt (33), gibt es scheinbar auch in der zehnten Klasse zwei Schüler, die das passiv-rezeptive Lernen präferieren und zu viel Eigenleistung als anstrengend empfinden. Dies verdeutlicht, dass es umso wichtiger ist, vielfältige Formen des Lehrens und Lernens zu verwenden, weil es eben auch unterschiedliche Lerntypen gibt und nur durch Varietät in der Unterrichtsmethodik möglichst viele Schüler erreicht werden können. Da Methoden der Schüleraktivierung jedoch immer nur einen Teil des Unterrichts ausmachen können und sollen, denke ich, dass diese Minderheit der Schüler dennoch genug Möglichkeiten bekommt, passiv-rezeptiv zu lernen, ohne dass die Mehrheit der Mitschüler auf ihre positiv erfahrene Auflockerung und den Spaß im Unterricht verzichten muss.

3.3 Auswertung der Ergebnisse aus Sicht des Lehrers

Die durch die Befragung vorab des Unterrichtsversuches festgestellten Unterschiede zwischen jüngeren und älteren Schülern hinsichtlich ihrer Bewegungsbedürfnisse konnten auch durch meine Beobachtung während des Versuches bekräftigt werden. Demnach kann ich die in der Fachliteratur aufgestellte These, dass ältere Schüler ein in Quantität und Qualität verändertes Bedürfnis nach Bewegung haben bestätigen (KOTTMANN/KÜPPER/PACK, 21). Die Lernenden der zehnten Klasse schienen jedoch nicht nur weniger Probleme mit längeren Sitzphasen zu haben als Schüler der unteren Gymnasialklassen, sie waren auch schwerer dazu zu bewegen, sich von ihren Stühlen zu erheben, was sich dadurch äußerte, dass man sie mehrfach dazu auffordern und somit den Ernst der Absicht betonen musste. Dieses Verhalten ließ jedoch nach, je vertrauter die Lerner mit bewegungsfordernden Methoden wurden, so dass zum Zeitpunkt der beiden hier vorgestellten Doppelstunden in der Klasse 10/3, die Schüler bereits ohne mehrmaliges Auffordern kooperierten. Dennoch entstand der Eindruck, dass zweckgemäße Bewegung (also z.B. Bewegung während einer Sprechmühle, um von einem Partner zum anderen zu kommen oder bei der Vier-Ecken-Methode, um von einem Text zum anderen zu gelangen) in höheren Klassen eher angenommen wird, als jene physische Aktivität deren Sinn sich den Schülern nicht von selbst erklärt, so zum Beispiel beim Laufgespräch. Schüler der 10/3 erfragten bei einer solchen Form bewegten Lernens skeptisch das Wieso und Weshalb, um den Sinn der Bewegung zu erkennen, konnten durch Erklärung dann aber gut vom Nutzen überzeugt werden und gaben sogar nach einem gleich zu Beginn des ersten Blockes durchgeführten Laufgespräch an, sich tatsächlich viel wacher als vorher zu fühlen. Jedoch denke ich, dass die in der Fachliteratur angedeutete Skepsis gegenüber reinen Bewegungsspielen in der Sekundarstufe II berechtigt ist (BIETZ/FRANCKE-KERN, 28). In der 6/1 hingegen, schienen die Mädchen und Jungen über jede Möglichkeit der Bewegung dankbar gewesen zu sein und hinterfragten nicht skeptisch deren Sinn bevor sie sie ausführten. Ihr Bewegungsdrang äußerte sich unter anderem zum Beispiel darin, dass sie teilweise bereits aufstehen wollten, bevor ich meine Arbeitsanweisungen komplett beendet hatte oder die Schülerhände in die Höhe schossen, sobald jemand etwas an die Tafel schreiben durfte.

Trotz dieses Unterschiedes hinsichtlich des Bewegungsbedürfnisses der Schüler, fand ich die erprobten Methoden in beiden Klassenstufen nicht nur geeignet und gut mit den entsprechenden Lerninhalten umsetzbar, sondern auch gewinnbringend in Bezug auf die Zielsetzung dieser Studie, nämlich der Auflockerung des Blockunterrichts. Selbst wenn diese Methoden nicht jeden einzelnen Schüler überzeugten – was auch nicht meine Absicht war und auf Grund der unterschiedlichen Lerntypen sicher mit keiner Lernform möglich ist – so forderten sie doch die aktive Teilnahme jedes Lernenden und dessen selbstständiges Tun, was sich positiv auf die Behaltensleistung auswirkt und intelligenten Wissenserwerb ermöglicht. So kann ich die von BAWIDAMANN erhobene These, dass man das, was man selbst- und eigenständig tut zu 90 Prozent behält durch die Erfahrung innerhalb dieses Unterrichtsversuches bestätigen (8). Es wussten zum Beispiel fast alle Lernenden der sechsten Klasse noch nach zwei Wochen, welche Rolle sie im Standbild der walisischen Legende eingenommen hatten, welche Rolle ihre Mitschüler jedoch dargestellt hatten, war den wenigsten noch bekannt.

3.4 Fazit

Auf Grund der verbesserten Behaltensleistung durch selbsttätiges Lernen verbunden mit der Auflockerung des Blockunterrichts und somit dem Anstieg der Lernmotivation sowie dem Vorzug der Ermüdungsreduzierung und Konzentrationsförderung finde ich schüleraktivierende, ganzheitlich-bewegte Unterrichtsmethoden nicht nur für den Englischunterricht geeignet, sondern auch unbedingt nötig. Wie gut sie mit verschiedensten Lerninhalten der Unter- und

Oberstufe kombinierbar sind habe ich in Kapitel 3.1 bereits dargelegt. Dennoch erfordern solche Methoden eine Anpassung des Lernstoffes und bedeuten deshalb zumeist einen erhöhten Arbeitsaufwand für den Lehrer. Dies sollte einen jedoch nicht davon abhalten, solche Lernformen anzuwenden, da die Schüler aller Altersstufen – wie durch meine Abschlussbefragung ersichtlich wurde – dankbar für mehr Abwechslung, Aktivität und Selbstständigkeit sind.

Bei der Umsetzung solcher Methoden sind jedoch die individuellen Unterschiede der einzelnen Klassen- und Altersstufen zu berücksichtigen, d.h. die Lernformen müssen spezifisch gestaltet werden. So können Bewegungsspiele zum Beispiel gut auf den starken Bewegungsdrang jüngerer Schüler eingehen und kooperative Lernformen das Streben der älteren Schüler nach zunehmender Selbstständigkeit und Eigenverantwortung berücksichtigen (KOTTMANN/KÜPPER/PACK, 21). Auch muss man sich als Lehrkraft bewusst machen, dass Schüleraktivierung – so vorteilhaft sie auch ist – nur eine Möglichkeit des fremdsprachlichen Lernens darstellt und aktives, selbstorganisiertes Lernen im Sinne der unterschiedlichen Lerntypen nur in Verbindung mit passiv-rezeptiven Phasen geschehen kann (MÜHLHAUSEN, 33). Richtig eingesetzt räumen ganzheitlich-bewegte Lernformen der Lehrkraft jedoch mehr wertvolle Zeit im Unterricht ein, die es ihr ermöglicht „sich mit den Bedürfnissen einer heterogenen Schülerschaft zu befassen" (Bonnet, 5). Was im Sinne der Binnendifferenzierung auch unbedingt nötig ist. Somit trägt Schüleraktivierung erheblich zur veränderten Lehrerrolle bei, da nicht nur die Wissensvermittlung im Vordergrund steht, sondern auch die Methoden- und Sozialkompetenz der Schüler, die der Lehrer nur als Berater und Moderator fördern kann und muss.

[1] Der Begriff Schüler steht in diesem Buch sowohl für männliche Schüler als auch weibliche Schülerinnen und wurde gewählt um umständliche Formulierungen zu vermeiden. Gleiches gilt auch für andere Bezeichnungen wie z.B. Lehrer.

[2] Diese falsche Formulierung stammt von einem Schüler der 6. Klasse und wird hier der Authentizität wegen nicht korrigiert wiedergegeben.

[3] Da in dieser Stunde 2 Schüler fehlten, wurden nur zwei Mal 9 Bilder benötigt, obwohl die Klassenstärke eigentlich 20 Schüler beträgt.

- BAWIDAMANN, MICHEL (2000): „Einleitung." – In: BUCHER, WALTER (2000): Bewegtes Lernen. 814 Spiel- und Übungsformen. Schorndorf: Verlag Karl Hofmann.

- BIETZ, CARMEN UND BEATE FRANCKE-KLEIN (2005): „…gegen das Sitzenbleiben. Ideen für den Bewegten Enlischunterricht." – In: Der Fremdsprachliche Unterricht Englisch, H. 74, S. 28-34.

- BEETZ, HANS-JÖRG (1995): „Spielerisch agieren, imaginieren und kommunizieren – ein Weg zu mehr Ganzheitlichkeit im Englischunterricht." – In: TIMM, JOHANNES-PETER (1995): Ganzheitlicher Fremdsprachenunterricht. Weinheim: Deutscher Studienverlag.

- BONNET, ANDREAS (2009): „Kooperatives Lernen." – In: Der Fremdsprachliche Unterricht Englisch, H. 99, S. 2-8.

- BUCHER, WALTER (2000): Bewegtes Lernen. 814 Spiel- und Übungsformen. Schorndorf: Verlag Karl Hofmann.

- BRÜNING, LUDGAR UND TOBIAS SAUM (2008): Strategien zur Schüleraktivierung. Erfolgreich unterrichten durch kooperatives Lernen. Essen: Neue Dt. Schule Verlags-Gesellschaft.

- CORSSEN, STEFAN UND MICHAEL LENZEN (2010): „45, 60 oder 90 Minuten Unterricht." – In: Kölnische Rundschau vom 23.01.2010. Abgerufen am 10.06.2011
  http://www.rundschau-online.de/html/artikel/1262692401300.shtml

- DIETER, RICHARD (2011): Death Penalty Information Centre. Washington, DC. Abgerufen am 3.2.2011
  http://www.deathpenaltyinfo.org/

- DUCLAUD, MARCEL (2009): "45-minütiger Unterricht gehört der Vergangenheit an." – In: Mitteldeutsche Zeitung vom 27.08.2009. Abgerufen am 10.06.2011
  http://www.mz-web.de/servlet/ContentServer?pagename=ksta/page&atype=ksArtikel&aid=1246046550074

- GREVING, JOHANNES UND LIANE PARADIES (1996): Unterrichtseinstiege: ein Studien- und Praxisbuch. Berlin: Cornelsen Scriptor

- GRIESER-KINDEL, CHRISTINE UND ROSWITHA HENSELER UND STEFAN MÖLLER (2006): Method Guide. Schüleraktivierende Methoden für den Englischunterricht in den Klassen 5-10. Paderborn: Schöningh Verlag.

- GUDJONS, HERBERT (2001): Handlungsorientiert lehren und lernen. Schüleraktivierung – Selbsttätigkeit – Projektarbeit. Bad Heilbrunn: Klinkhardt.

- HÄRDT, BÄRBEL (2000): Besser lernen durch Bewegen und Entspannen. Grundlagen und Übungen für die Sekundarstufe 1. Berlin: Cornelsen Scriptor.

- HAß, FRANK (Hrsg.) (2006): Fachdidaktik Englisch. Tradition. Innovation. Praxis. Stuttgart: Klett.

- HOPPSTÄDTER, JÜRGEN UND UWE (2005) „Lernen, Sprache und Bewegung." – In: Der Fremdsprachliche Unterricht Englisch, H. 75, S.8-9.

- KLIPPERT, HEINZ (1996): Kommunikationstraining. Übungsbausteine für den Unterricht. Weinheim/ Basel: Beltz.

- KOTTMANN, LUTZ UND DORIS KÜPPER UND ROLF-PETER PACK (2005): Bewegungsfreudige Schule. Schulentwicklung bewegt gestalten – Grundlagen, Anregungen, Hilfe. Meißen: Bertelsmann Stiftung.

- MERTENS, KRISTA UND UTE WASMUND-BODENSTEDT (2006): 10 Minuten Bewegung. Dortmund: Verlag Modernes Lernen.

- MÜHLHAUSEN, ULF (2008). Schüleraktivierung im Schulalltag. Ungewöhnliche Unterrichtsmethoden in der Sekundarstufe. Baltmannsweiler: Schneider-Verlag Hohengehren.

- PETREZSELYEM, LISSY (2008): Capital Punishment in Contemporary US America: Development and Debate. München: GRIN Verlag.

- RAMPILLON, UTE UND HELMUT REISENER (2005) „Lernen, Sprache und Bewegung." – In: Der Fremdsprachliche Unterricht Englisch, H. 75, S.2-5.

- RAPP, GERHARD (1970): Blockunterricht. Zur Effizienz von Einzel- und Doppelstunden. Stuttgart: Klett.

- RAUDIES, SIBYLLE UND MICHAEL SCHMITZ (2009): „Der Trend geht zur 60-Minuten Stunde." – In: Der Westen vom 03.09.2009. Abgerufen am 10.06.2011
  http://www.derwesten.de/nachrichten/im-westen/Der-Trend-geht-zur-60-Minuten-Stunde-id170791.html

- SÄCHSISCHES STAATSMINISTERIUM FÜR KULTUS (2011): Lehrplan Sachsen Gymnasium. Englisch. Dresden. Abgerufen am 1.8.2011
  http://sachsen-macht-schule.de

- SCHWARZ, HELLMUT (Hrsg.) (2008): Englisch G21. A2 Lehrbuch. Berlin: Cornelsen.

- SCHWARZ, HELLMUT (Hrsg.) (2008): Englisch G21. A2 Vorschläge zur Leistungsmessung. Berlin: Cornelsen.

- SCHWARZ, HELLMUT (Hrsg.) (2002): Englisch G2000. A6 Lehrbuch. Berlin: Cornelsen.

- SCHWARZ, HELLMUT (Hrsg.) (2002): Englisch G2000. A6 Handbuch für den Unterricht. Berlin: Cornelsen.

ANHANGSVERZEICHNIS

1. Umfrage Blockunterricht

    1.1   Fragebogen   A1
    1.2   Auswertung des Fragebogens   A2

2. Materialien zum Block: Introduction Wales (6/1)

    2.1   Stundenverlaufsskizze   A4
    2.2   Fotografische Impressionen   A5

3. Materialien zum Block: At the doctor's (6/1)

    3.1   Stundenverlaufsskizze   A6
    3.2   Tafelbilder   A7
    3.3   Wortkörper Schülerarbeiten   A9
    3.4   Beispielergebnisse der szenischen Darbietungen   A10

4. Auswertung der Methoden in Klasse 6

    4.1   Fragebogen   A11
    4.2   Auswertung des Fragebogens   A12

5. Materialien zum Block: Righting the Wrongs (10/3)

    5.1   Stundenverlaufsskizze   A13
    5.2   Tafelbilder Einführung   A14
    5.3   Tafelbilder II   A15
    5.4   Multiple Choice Test   A15

6. Materialien zum Block: The Death Penalty (10/3)

    6.1   Stundenverlaufsskizze   A17
    6.2   Tafelbild   A18
    6.3   Stundenimpressionen   A19

7. Auswertung der Methoden in Klasse 10

    7.1   Methodenbarometer   A20
    7.2   Auswertung des Blitzlicht-Feedbacks   A21

1.1 Fragebogen

UMFRAGE ZUM BLOCKUNTERRICHT

Liebe Schülerinnen und Schüler. Seit diesem Schuljahr habt ihr nicht mehr nur 45-minütige Stunden, sondern Blockunterricht von 90 Minuten. Dazu möchte ich euch kurz befragen.
Kreuzt die Aussagen anonym an, die auf euch zutreffen (Mehrfachantworten möglich). Vielen Dank!

1. Ich finde folgendes am Blockunterricht gut:

    o Längere Pausen
    o Leichtere Schultasche
    o Weniger Hausaufgaben pro Tag
    o Man schafft mehr Stoff
    o Man übt mehr als sonst im Unterricht
    o Vorbereitung auf maximal 3-4 Fächer
    o Anderes: _____

2. Mir gefällt folgendes am Blockunterricht nicht:

    o Konzentration lässt im 2. Teil eines Blockes nach
    o 90 Minuten still sitzen ist anstrengend/ermüdend
    o Zeit scheint langsamer zu vergehen als bei zwei einzelnen Stunden
    o Manche Fächer wie Kunst oder Informatik finden nur noch alle 2 Wochen statt
    o Ein Block ist langweiliger als zwei einzelne Stunden
    o Anderes: _____

3. Seit der Umstellung auf Blockunterricht machen wir öfter Gruppenarbeit.

    o Ja, in allen Fächern
    o Nur in folgenden Fächern: _____
    o In den meisten/anderen Fächern machen wir es genauso oft wie vorher, nämlich
        o Nie
        o Ab und zu, aber eher selten
        o Regelmäßig als fester Bestandteil des normalen Unterrichts

4. Im Blockunterricht benutzen wir nun öfter Arbeitstechniken wie Stationsarbeit oder Gruppenpuzzles, in denen wir unser Lernen selbst organisieren / dafür selbst verantwortlich sind.

    o Ja, in allen Fächern
    o Nur in folgenden Fächern: _____
    o In den meisten/anderen Fächern machen wir es genauso oft wie vorher, nämlich
        o Nie
        o Ab und zu, aber eher selten
        o Regelmäßig als fester Bestandteil des normalen Unterrichts

5. Wir machen jetzt öfter aktives/bewegtes Lernen, bei dem man sich auch im Unterricht bewegen muss (Laufdiktat, Sprechmühle, auf 4 Ecken des Raumes aufteilen…)

    o Ja, in allen Fächern
    o Nur in folgenden Fächern: _____
    o In den meisten/anderen Fächern machen wir es genauso oft wie vorher, nämlich
        o Nie
        o Ab und zu, aber eher selten
        o Regelmäßig als fester Bestandteil des normalen Unterrichts

6. Sollte der Blockunterricht wieder der einfachen Unterrichtsform weichen?

    o Ja   o Nein   o Nur für die Einstundenfächer wie Kunst/Musik/Ethik…

1.2 Auswertung des Fragebogen

Die Befragung wurde mit insgesamt 45 Schülern durchgeführt (25 Schüler der Klasse 6/1 und 20 Schüler der Klasse 10/3).
Die nachfolgenden Diagramme zeigen, wie viel Schüler der jeweiligen Klassenstufe, die entsprechenden Vor-/Nachteile ankreuzten:

Vorteile des Blockunterrichts aus Schülersicht

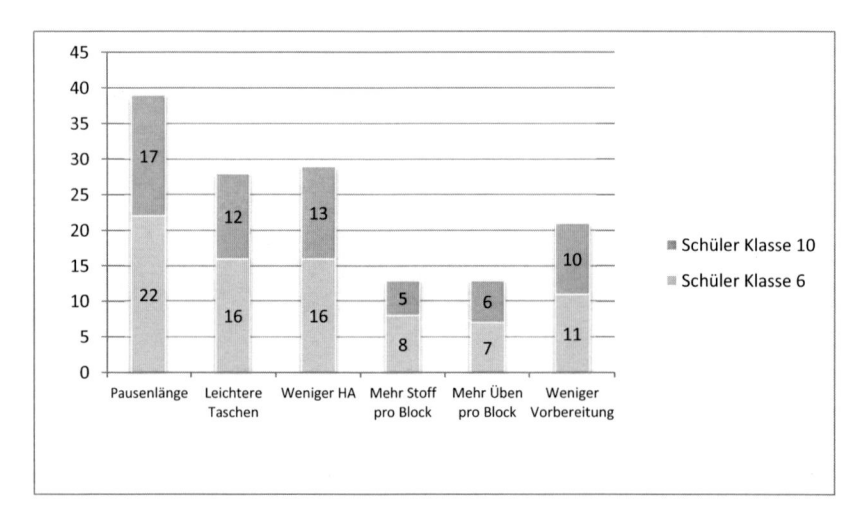

Kategorie	Schüler Klasse 6	Schüler Klasse 10
Pausenlänge	22	17
Leichtere Taschen	16	12
Weniger HA	16	13
Mehr Stoff pro Block	8	5
Mehr Üben pro Block	7	6
Weniger Vorbereitung	11	10

Nachteile des Blockunterrichts aus Schülersicht

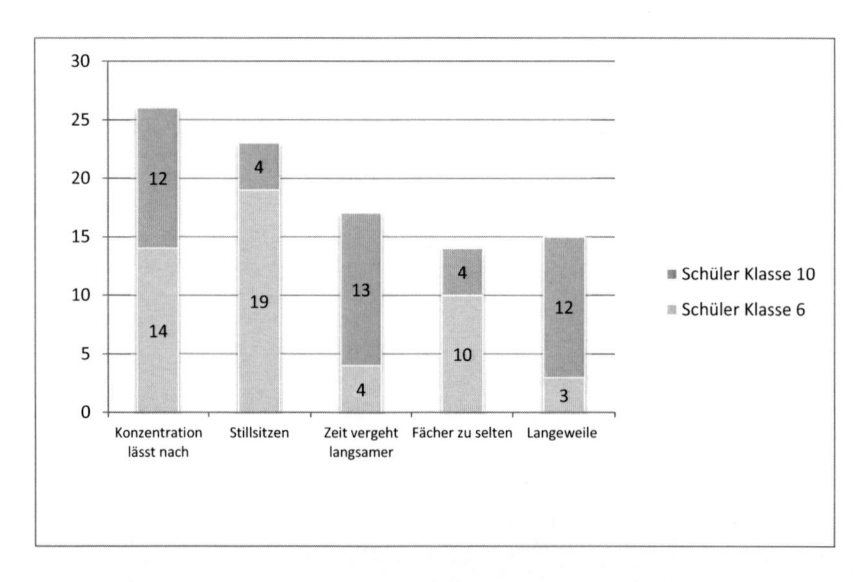

Kategorie	Schüler Klasse 6	Schüler Klasse 10
Konzentration lässt nach	14	12
Stillsitzen	19	4
Zeit vergeht langsamer	4	13
Fächer zu selten	10	4
Langeweile	3	12

A 2

Veränderung des Methodenrepertoirs im Blockunterricht

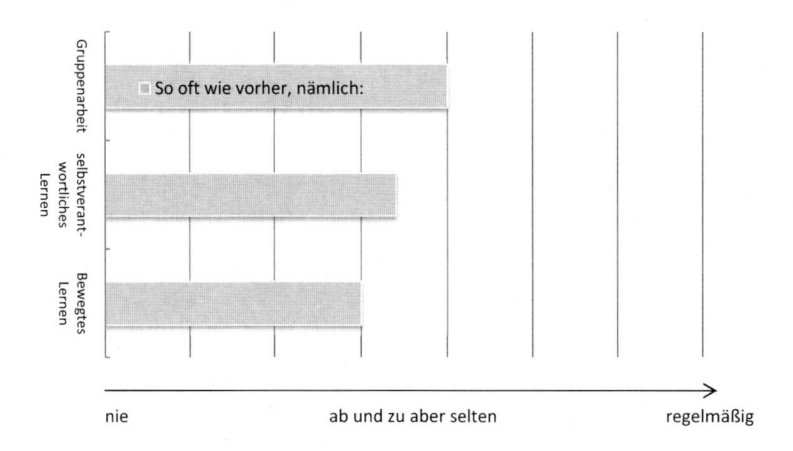

Balkendiagramm mit den Kategorien Gruppenarbeit, selbstverantwortliches Lernen, Bewegtes Lernen; Skala von „nie" über „ab und zu aber selten" bis „regelmäßig"; Legende: So oft wie vorher, nämlich:

Die Anzahl der Schüler, die angaben, es würden im Blockunterricht gewisse Methoden oder Sozialformen öfter stattfinden als vorher, war sowohl bei Klasse 6 als auch Klasse 10 verschwindend gering. Beide Klassen empfanden kaum eine Veränderung in der Methodenwahl der Lehrer seit der Einführung des 90-minütigen Unterrichts.

Die oben stehende Grafik zeigt, wie die Häufigkeit des Methodeneinsatzes unabhängig von einer Veränderung eingeschätzt wurde.

Beide Klassen wurden dabei insgesamt ausgewertet.

Präferenz der Schüler: Blockunterricht oder Einzelstunden?

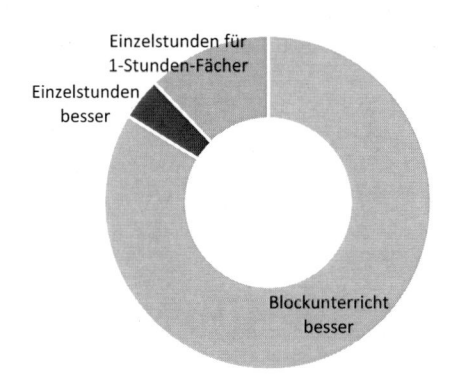

Ringdiagramm mit den Segmenten: Einzelstunden für 1-Stunden-Fächer, Einzelstunden besser, Blockunterricht besser.

A 3

2.1 Stundenverlaufsskizze

Datum: 17.3.2011	11:45-13:15 Uhr	Klasse: 6/1

Lernziele:
- Schüler lernen landeskundliche Fakten und Bilder über Wales kennen und festigen bereits bekannte Fakten über UK
- Schüler trainieren Lese- und Rechtschreibkompetenz
- Schüler üben Texterschließung
- Schüler steigern Sozial- und Methodenkompetenz

⏱	Unterrichts-phase	Lehrer-/Schülertätigkeit	SF/M
5	Einführung	Introduction Wales -> geographical facts T shows map on TR + locates Wales together with Ps Ps revise geographical and political facts about UK	LSI
30	Übung & Erarbeitung I	Ps read/write texts from copies hanging in class T checks comparison/clarifies new words -> TR Ps compare sentences, check spelling	EA Lauf-diktat
		mp3 Llanfair Ps listen to pronunciation and meaning of name	
5	Entspannung Motivation	T shows PowerPoint with pictures of Wales and music Ps just watch and relax and get impression of Wales	EA
10	Erarbeitung II	T reads out story from copy Ps put pictures in right order while listening Ps read story aloud -> comprehension? ask each other questions (3 each) and answer them	EA PA
20	Erarbeitung III	T explains freeze frame method Ps choose scene + prepare frozen image to express it Ps present frozen image classmates guess which scene Ps are presenting	PA Stand-bild
15	Übung II kreatives Schreiben	T transfers to creative writing task and instructs Ps Ps choose 3 of the 5 pictures from copy, cut them out and put them in an order they like -> rewrite the story in folder so that it has a happy ending -> glue the 3 pictures into folder and add one by themselves	EA
	HA	finish story / learn vocab	

2.2 Fotografische Impressionen

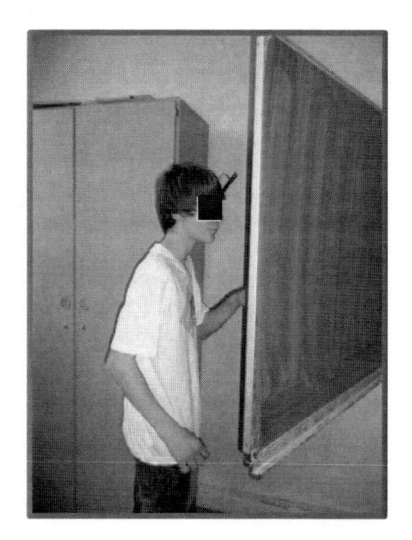

Schüler beim Lesen der Zettel des Laufdiktates, die nicht ganz so zugänglich waren

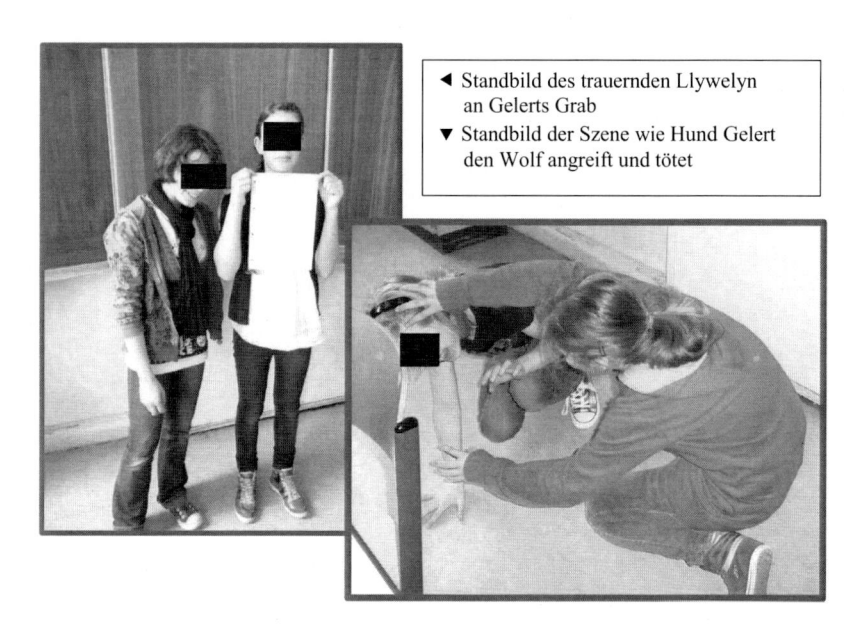

◄ Standbild des trauernden Llywelyn an Gelerts Grab
▼ Standbild der Szene wie Hund Gelert den Wolf angreift und tötet

Schüler bei der Präsentation ihrer Standbilder. Links sogar mit spontan entworfenem „Grabstein", was leider auf Grund von Belichtungsproblemen der Kamera nicht wirklich sichtbar ist.

3.1 Stundenverlaufsskizze

Datum: 25.3.2011	7:45-9:15 Uhr	Klasse: 6/1

Lernziele:
- Schüler wiederholen Wortschatz zum Thema Körper und verknüpfen ihn mit neuem Vokabular
- Schüler üben Sprechfertigkeit
- Sie entwickeln Lernkompetenz durch Kennenlernen neuer Lernstrategien zur Vokabelarbeit
- Schüler trainieren Lese- und Schreibkompetenz

⏲	Unterrichtsphase	Lehrer-/Schülertätigkeit	SF/M
10	HA	T explains WALK'N TALK -> help on BB Ps tell each other what diseases they have had and try to remember their partner's -> same ones? Sit down again and write one summarizing sentence	PA Laufgespräch
10	Erarbeitung	T asks what parts of the body Ps can remember? -> gather body words together with Ps on BB Ps copy them into folder T asks what one can do with different parts of body Ps fill in table with help of BB individually(!)	LSI EA
15	Übung	T explains ROBOT game Ps tell partner what part of body to move how Partner moves accordingly Ps gather verbs on BB + check their filling in of table	PA bew. Lernen
15	Entspannung	T instructs Ps to draw a human body by only writing body words Ps draw word body on blank sheets -> they relax and consolidate vocab	EA
5	Erarbeitung	T asks Ps for common phrases a doctor might ask Ps try to find English expressions for them T helps if not known and writes expressions on BB	LSI
20	Übung	T explains collective writing method Ps write scene at the doctor's together in each other's folders by hopping from one seat to another Ps write sentence -> stand up -> move around to music -> music stops -> Ps sit down -> read text -> continue dialogue -> stand up again -> music starts... 2 dialogues are read out with T as doctor	EA Koll. Schreiben

13	Übung	T explains guidelines for scenic play/oral performance Ps form pairs and write "dialogue" at the doctor's with the help of collective writing results in their folders -> consider performance of dialogue in next lesson	GA
2	HA	finish and learn text -> prepare performance	

3.2 Tafelbilder

Hilfestellung, die bereits für Hausaufgabe gegeben war

I have already had _____.
I have never had _____.
I have had_____ only once.

Hilfestellung für zusammenfassenden Satz nach Laufgespräch

Example: Tim and I have both had _____, but he has also had _____ and I haven't had ____ yet.

Körperteile und Hilfestellung für das Roboterspiel

Part of the body	What can I do with it?
face	
arm	
hand	
leg	
foot	
head	turn around
stomach	
back	
shoulders	
mouth	
eyes	
nose	
fingers	

wash
wvea / s t - - - c h
turn around / close
blkni
h - - t
vmoe / touch
s - -
smile
sllem / c - - a n
open / swho
s t - - d / brkea
s h - - e

Körperteile und Verben nach dem Roboterspiel zusammengefasst

Part of the body	What can I do with it?
face	wash
arm	wave / stretch
hand	shake
leg	jump / break / walk
foot	stand
head	turn around
stomach	hurt
back	bend / stretch / wash
shoulders	move / shrug
mouth	smile / close / open
eyes	open / see / blink
nose	smell / clean
fingers	show / count

Typische Formulierungen des Arztes als Hilfe für kollektives Schreiben

Wie kann ich Ihnen/dir helfen?	->	How can I help you?
Was fehlt Ihnen/dir?	->	What's wrong with you?
Wo tut es weh?	->	Where does it hurt?

3.3 Wortkörper Schülerarbeiten

3.4 Beispielergebnisse der szenischen Darbietungen

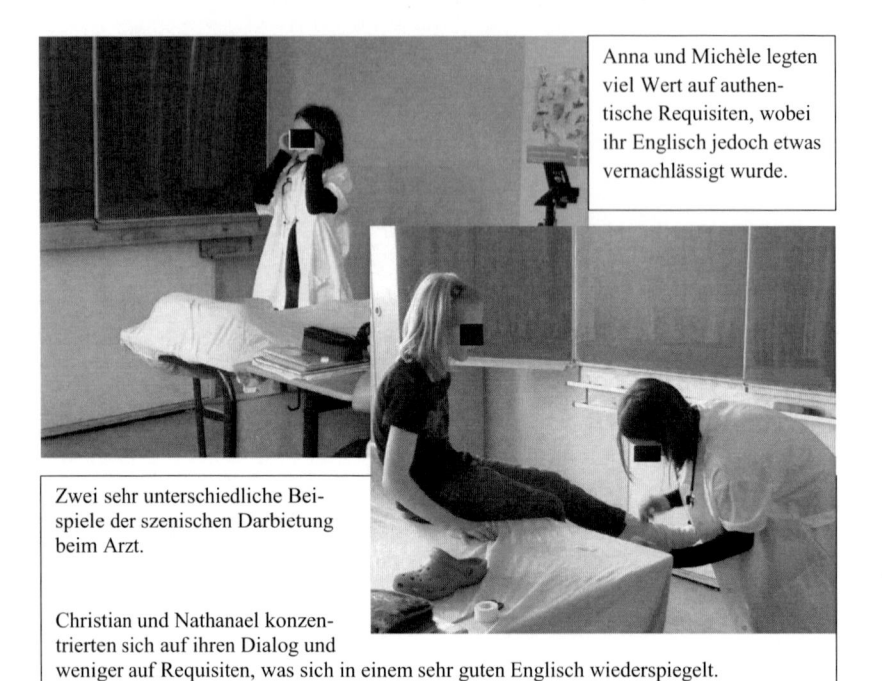

Anna und Michèle legten viel Wert auf authentische Requisiten, wobei ihr Englisch jedoch etwas vernachlässigt wurde.

Zwei sehr unterschiedliche Beispiele der szenischen Darbietung beim Arzt.

Christian und Nathanael konzentrierten sich auf ihren Dialog und weniger auf Requisiten, was sich in einem sehr guten Englisch wiederspiegelt.

4.1 Fragebogen

Auswertung der angewandten Methoden in Klasse 6

Liebe Schülerinnen und Schüler. In den vergangenen Unterrichtsstunden habe ich mit euch einige Unterrichtsmethoden ausprobiert, über die ich gern eure Meinung wissen möchte. Bitte kreuzt unten rechts an, wie gut euch die links aufgelisteten Arbeitstechniken gefallen haben.

Die Bewertung ist wie mit Schulnoten. Von 1 (sehr gut, würde ich gern öfters machen) bis 6 (gar nicht gut, bitte nie wieder). Ganz wichtig ist auch eine Begründung für die jeweilige Note.

	☺		😐			☹
	1	2	3	4	5	6
Das LAUFDIKTAT, bei dem ihr einen Text auf im Raum verteilten Zetteln lesen musstet und diesen am Platz aufschreiben solltet. Begründung: _____	O	O	O	O	O	O
Die DIASHOW mit Beamer, bei der ihr zu ruhiger Musik Fotos von Wales gesehen habt. Begründung: _____	O	O	O	O	O	O
Das STANDBILD, bei dem ihr 1 Szene der Legende von Beddgellert nachstellen solltet und die anderen die Szene erraten haben. Begründung: _____	O	O	O	O	O	O
LAUFGESPRÄCH, bei dem ihr im Raum/auf dem Gang umhergehen musstet und mit einem Mitschüler gesprochen habt Begründung: _____	O	O	O	O	O	O
Das ROBOTER Spiel, bei dem ihr gesagt habt, welches Körperteil euer Partner bewegen soll. Begründung: _____	O	O	O	O	O	O
Den gezeichneten WORTKÖRPER Begründung: _____	O	O	O	O	O	O
Das KOLLEKTIVE SCHREIBEN, bei dem ihr, nachdem die Musik stoppte, verschiedene Plätze besetzt habt und dort Teile eines Arzt-Patient-Dialog geschrieben habt. Begründung: _____	O	O	O	O	O	O

	☺		😐			☹
	1	2	3	4	5	6

4.2 Auswertung des Fragebogens

Die insgesamt 25 ausgefüllten Fragebögen bezüglich der von mir in der 6/1 angewandten Methoden ergaben folgende Ergebnisse:

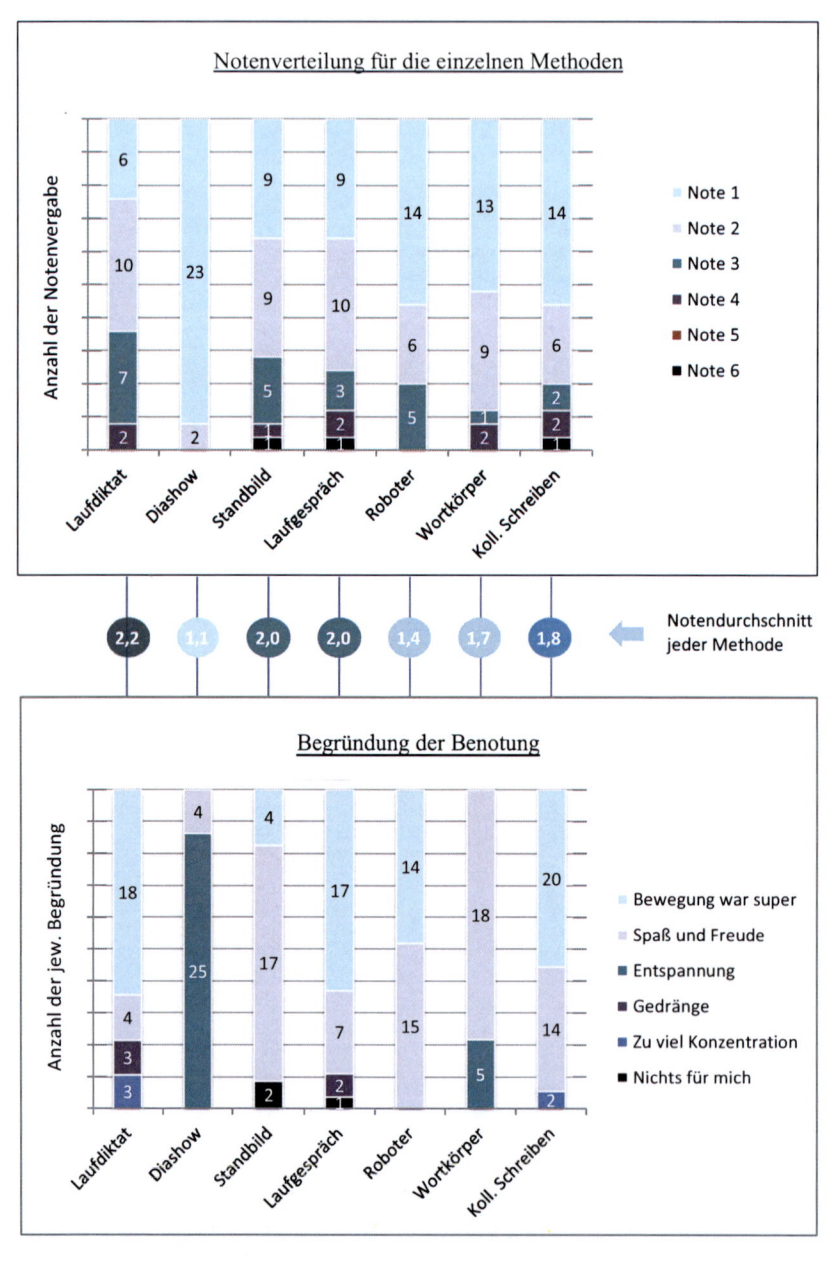

Notenverteilung für die einzelnen Methoden

Methode	Note 1	Note 2	Note 3	Note 4	Note 5	Note 6
Laufdiktat	6	10	7	2		
Diashow	23			2		
Standbild	9	9	5	2		
Laufgespräch	9	10	3	2		
Roboter	14	6	5			
Wortkörper	13	9	2	1		
Koll. Schreiben	14	6	2	2		

Notendurchschnitt jeder Methode: 2,2 | 1,1 | 2,0 | 2,0 | 1,4 | 1,7 | 1,8

Begründung der Benotung

Methode	Bewegung war super	Spaß und Freude	Entspannung	Gedränge	Zu viel Konzentration	Nichts für mich
Laufdiktat	18	4	4	3		3
Diashow		25				
Standbild	17	17				2
Laufgespräch		7	2			
Roboter	14	15				
Wortkörper		18	5			
Koll. Schreiben	20	14				2

A 12

5.1 Stundenverlaufsskizze

Datum: 04.05.2011	9:45-11:15 Uhr	Klasse: 10/3

Lernziele:	- Schüler gewinnen Einblick ins Thema TS aus globaler und individueller Sicht
	- Schüler trainieren Sprech-, Lese- und Bildkompetenz
	- Schüler bekennen Meinung und begründen diese
	- Sie finden vielfältige Argumente durch Perspektivwechsel/Empathie

⏱	Unterrichts-phase	Lehrer-/Schülertätigkeit	SF/M
5	Einleitung	T introduces heading on BB: Righting the Wrongs T question: What wrongs exist in the world 　　Ps answer and T writes Ps' answers on BB (cluster)	LSI
12	Einführung Übung Motivation	T explains milling around 　　Ps mill around, describe pictures to each other 　　Ps discuss picture with partner who has same one 　　Ps present pictures + add more wrongs to BB cluster	bew. Lernen Sprech-mühle
5	Erarbeitung I	T transfers to one wrong: death penalty T: How many/which countries might still have death penalty? 　　Ps estimate figures	LSI
8	Motivation	T initiates poll behind BB 　　Ps vote for or against death penalty anonymously T shows class opinion and transfers to number of people for/against dp in USA and internationally 　　Ps guess preference of dp in US and Europe T gives figures of opinion polls in US and Europe on BB and introduces possible conclusion of statistics	LSI
8	Erarbeitung II	T introduces vocab on BB -> paraphrases 　　Ps take notes in folders	FU
5	Motivation	T distributes copies 　　Ps do multiple choice test individually	EA
10 3	Erarbeitung III	T explains 5 corner method in which Ps need to choose their "favourite" execution method 　　Ps walk, read copies, choose and explain their choice 　　Ps find names of methods (by matching)	5 corners
15	Erarbeitung IV Ergebnis-sicherung	Ps form pairs and find arguments for /against dp -> folder Ps compare results with 2nd pair + find more arguments 　　-> growing groups 　　Ps share arguments orally	Think pair share

A 13

5.2 Tafelbilder

Schülerantworten vor Unterstützung durch Bildmaterial:

Righting the Wrongs

- war
- theft
- murder
- ...
- ...
- ...

(WRONG)

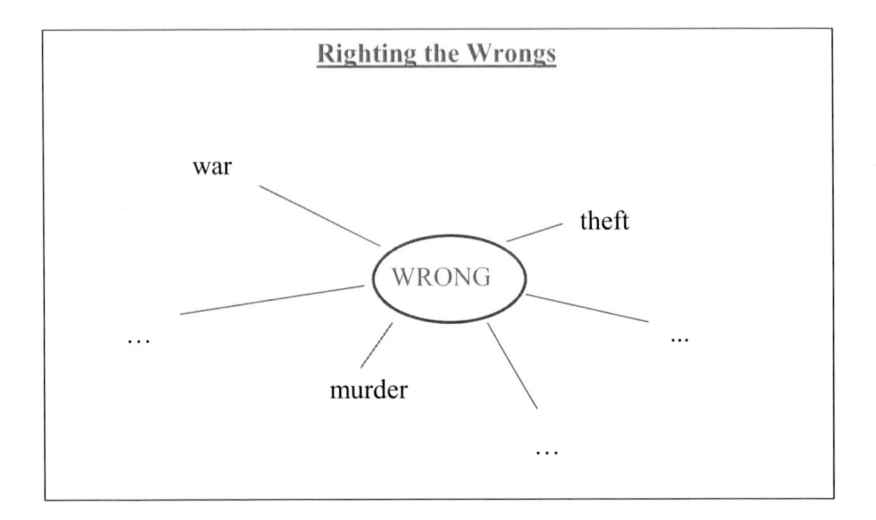

Tafelbild nach Unterstützung durch Bildmaterial:

Righting the Wrongs

- change of nature
- pollution
- war
- death penalty
- cruelty to animals
- theft
- child abuse
- sexual assault/rape
- murder
- drug abuse
- lies
- racism

(WRONG)

A 14

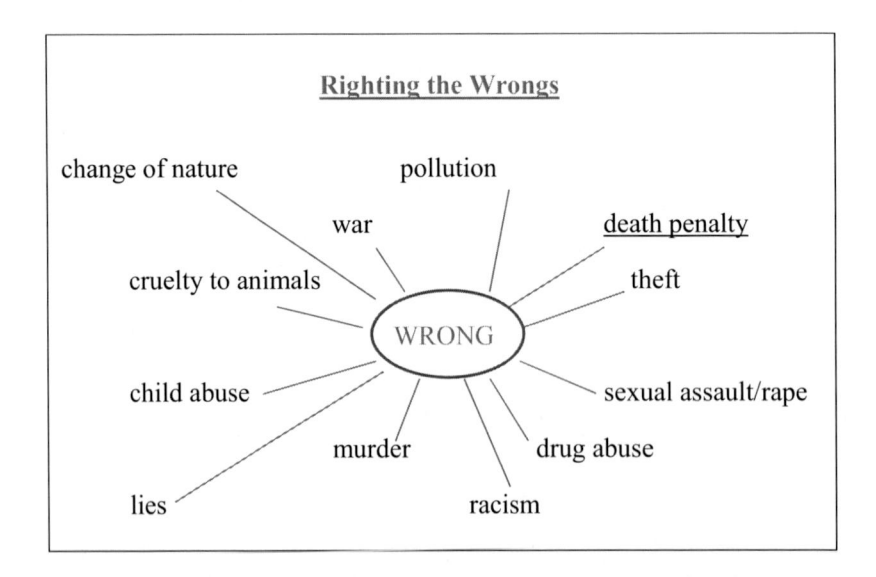

5.3 Tafelbilder

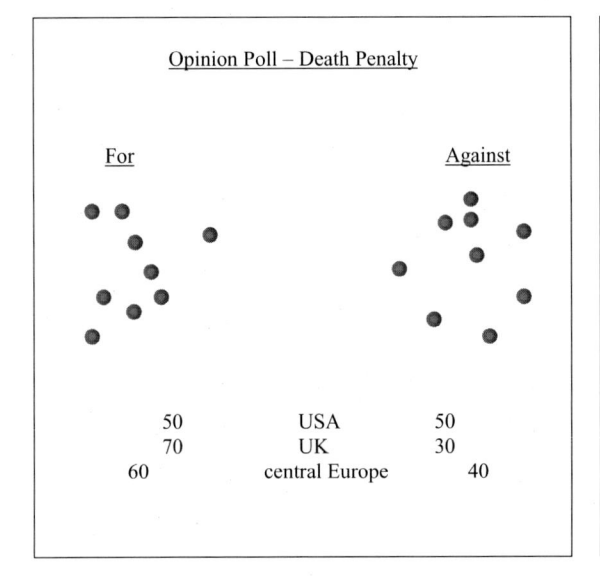

```
       Opinion Poll – Death Penalty                    Vocabulary


   For                          Against            Execute

                                                   Execution

                                                   Inmate

                                                   death row

                                                   sentence

                                                   lethal injection
       50        USA         50
       70        UK          30                    life imprisonment
       60     central Europe 40
                                                   parole
```

5.4 Multiple Choice Test

1. How many states in the USA have the death penalty?
   a. all 50 states
   b. 35 states
   c. 14 states

2. Which state has carried out the greatest number of executions?
   a. Massachusetts
   b. California
   c. Texas
   d. Virginia

3. How many people are waiting to be executed on death row nowadays?
   a. about 270
   b. more than 3,100
   c. over 50

4. How much time do death row inmates usually spend on death row? How much time passes after the sentence until they are finally executed?
   a. more than 13 years
   b. less than 17 months
   c. about 5 years

5. The average education level of death row inmates is
   a. 8th grade
   b. 10th grade
   c. 12th grade

6. Women make up how many per cent of inmates sentenced to death?
   a. just under 17%
   b. less than 2%
   c. about 9%

7. What execution methods are legal in the U.S. today?
   a. gas chamber
   b. electric chair
   c. lethal injection
   d. hanging

8. Which states have higher murder rates?
   a. states with the death penalty
   b. states without the death penalty

9. What crimes can be punished with the death penalty (so called capital crimes)?
   a. murder
   b. rape of a child younger than 10
   c. drug trafficking
   d. severe kidnapping

10. Which state is the only state that does not have the punishment life imprisonment without the possibility of parole (life without parole)?
    a. Texas
    b. California
    c. Alaska

Answer key: 1b, 2c, 3b, 4a, 5c, 6b, 7abcd, 8a, 9abcd, 10c

6.1 Stundenverlaufsskizze

Datum: 06.05.2011	7:45-9:15 Uhr	Klasse: 10/3

Lernziele:	- Schüler gewinnen Einblick in Tiefgründigkeit des Themas TS
	- Schüler trainieren Lese-, Hörkompetenz und Sprechfertigkeit
	- Sie steigern Sozial-/Methodenkompetenz durch Gruppenpuzzle
	- Sie wenden Faktenwissen in Diskussion an & vertreten sowohl ihre eigene als auch eine fremde Meinung im Kugellager
	- Schüler üben Perspektivwechsel und Empathiefähigkeit

⏱	Unterrichts-phase	Lehrer-/Schülertätigkeit	SF/M

15
 	
2
	Übung	T transfers to real story about a man who was sentenced to death….
		
		    Ps read texts hung out in room -> suggest possible order of happenings orally -> check by listening to CD
		
		T reads out sequences of ending
		
		    Ps find contradiction to arguments gathered in last lesson and become aware of profoundness of topic
			Lese-puzzle

20	Erarbeitung	T transfers to next sequence and divides class into 4 expert-groups -> gummy bears (colors)
		
		    Ps work in expert-groups on 4 topics: *deterrence, injustice, costs, legality*
		    -> find most important information from texts (copies)
		    -> what might be new argument for/against dp
			Gruppen Puzzle
			
			mit
			
			Nach-schlage-ecke

22	Präsentation & Erarbeitung	T makes Ps find new exchange-groups (shapes of gummy bears)
		
		    Ps meet in 4 new groups with 1 expert from each topic
		    -> exchange knowledge and gather arguments	

12	Ergebnis-sicherung	T shows TR with former arguments
		
		    Ps gather arguments for/against dp
		    -> "correction" of some former arguments
		
		T notes new arguments on BB
		    Ps relax and revise arguments for 2 minutes
			LSI

6	Übung	T transfers to 2-minute discussion in double circle
		
		    Ps take sides (inner circle FOR, outer AGAINST)
		    1 min each P -> 2 min discussion
		    all Ps move 2 steps left, take other side, discuss again
			KUGEL-LAGER

10	Ergebnis-sicherung	Ps take out MC-tests, rethink answers and check them with partner correction with T	EA PA

6.2 Tafelbild: Argumente für/gegen die Todesstrafe

Pro	Con
- *no right to live for murderers* -> *"an eye for an eye"* - *death might help relatives of victims* - *cannot commit new crimes after death*	- *immoral and inhumane -> cruel* - *inconsistent, only some get it -> unusual* *-> unconstitutional* - *innocent people killed -> irreversible* - *death is relief not punishment* - *too expensive -> makes U.S. less safe* - *does not deter any other crimes*

6.3 Stundenimpressionen

Die Schüler wechseln während des Gruppenpuzzles von ihrer Experten- zur Austauschgruppe

Der Lehrer in der Helfer- und Beraterrolle während des Gruppenpuzzles

7.1 Methodenbarometer

Bewertung der von mir erprobten Methoden durch die 10/3

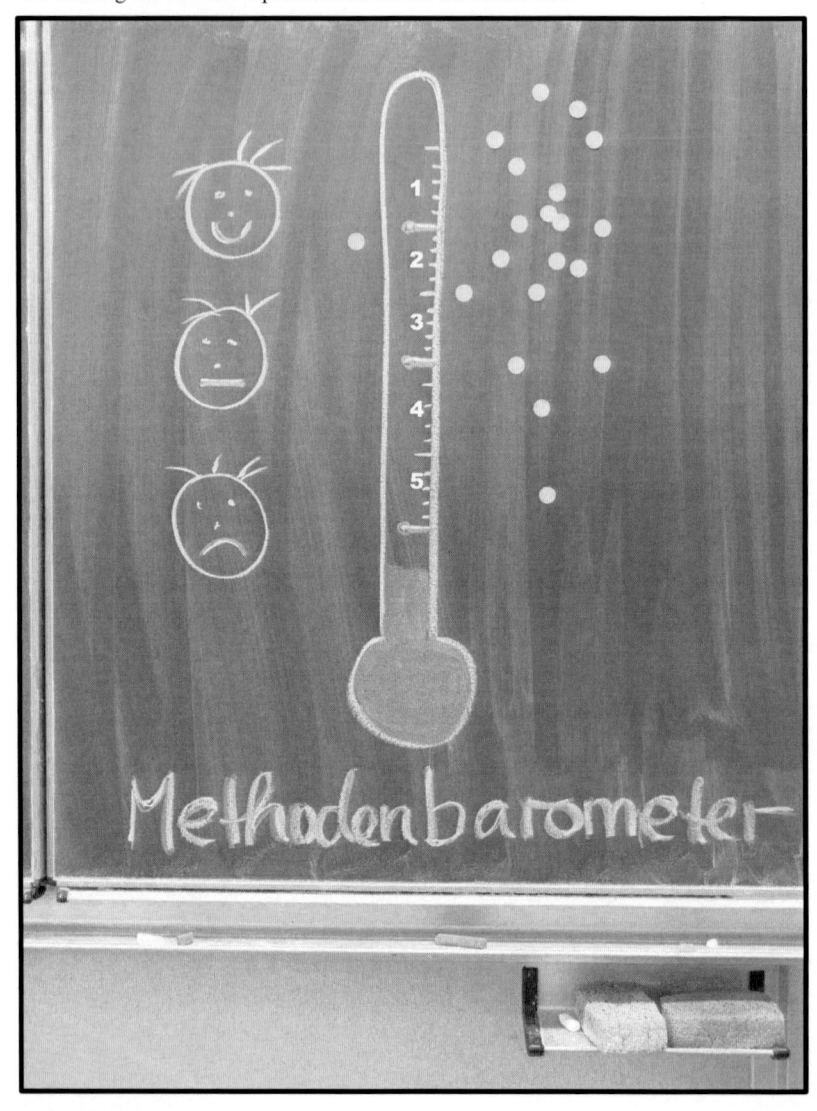

In Noten entspricht dies:

1	1,5	2	2,5	3	3,5	4	4,5	5	5,5	6
7	4	3	2	0	2	1	0	1	0	0

Notendurchschnitt: 1,95

7.2 Auswertung des Blitzlicht-Feedbacks

In dem von mir durchgeführten Blitzlichtfeedback, sollten die 20 Jungen und Mädchen der 10/3 kurz aufschreiben, was ihnen an den letzten beiden Unterrichtsblöcken methodisch gut bzw. nicht gut gefallen hat. Jeder sollte mindestens einen positiven und einen negativen Aspekt nennen.

Folgende Antworten wurden abgegeben:

Positiv	Negativ
Abwechslungsreich (7)	Schwieriger Text bei Gruppenpuzzle (3)
Hat Spaß gemacht (6)	Zu anstrengend, lieber frontal (2)
Viel gelernt/effektiver (5)	Zeit knapp bei Lesepuzzle (2)
Interessant gestaltet (4)	Schwierige Bilder (1)
Mehr Partner-/Gruppenarbeit (4)	Etwas chaotisch (1)
Interessantes Thema (4)	
Selbstständiges Arbeiten (3)	
Partnerwechsel (3)	
Zeit verging schnell (2)	
Besseres Verstehen (2)	

Insgesamt wurden 40 positive und 9 negative Aspekte genannt, was heißt, dass jeder Schüler im Schnitt 2 gute aber nur jeder zweite Schüler eine schlechte Einschätzung abgab – entgegen der Bitte, jeder möge einen Kritikpunkt anbringen.

Den positiven Punkt *Interessantes Thema* habe ich ausgeklammert, da ich kein inhaltliches Feedback von den Schülern wollte, sondern lediglich den Unterrichtsverlauf und die Methoden bewertet werden sollten. Vier Schüler haben ihn dennoch mit aufgeführt.